KB262173

블루
마인드

블루
마인드

초판 1쇄 인쇄 ┃ 2014년 9월 10일
초판 1쇄 발행 ┃ 2014년 9월 15일

지은이 ┃ 남형수
펴낸이 ┃ 박영욱
펴낸곳 ┃ (주)북오션

경영총괄 ┃ 정희숙
편 집 ┃ 지태진
마케팅 ┃ 최석진 · 김태훈
디자인 ┃ 서정희
일러스트 ┃ 허한우

주 소 ┃ 서울시 마포구 서교동 468-2
이메일 ┃ bookrose@naver.com
페이스북 ┃ bookocean
전 화 ┃ 편집문의: 02-325-9172   영업문의: 02-322-6709
팩 스 ┃ 02-3143-3964

출판신고번호 ┃ 제313-2007-000197호

ISBN 978-89-6799-051-0 (13190)

이 도서의 국립중앙도서관 출판시도서목록(CIP)은 e-CIP홈페이지
(http://www.nl.go.kr/ecip)와 국가자료공동목록시스템(http://www.nl.go.kr/kolisnet)에서
이용하실 수 있습니다.(CIP제어번호: CIP2014023216)

마음이 바뀌면 다 바뀐다

블루
마인드

남형수 지음

북오션

인간의 궁극적인 목적은 행복이다

국내 유명 기업체 직원들을 대상으로 교육을 한 적이 있다. 그곳은 '전국의 인재들은 여기에 다 모인다'고 할 정도로 뛰어난 엘리트들이 모인 이른바 일류 기업이었다. 그 기업에 속해 있다는 것만으로도 자부심을 가질 만한 그런 곳이었다.

나는 그들에게 자연히 호기심을 가지게 되었다.

'남부러울 것 없어 보이는 이들은 어떤 마음으로 인생을 살아갈까?'

강연장에 들어서자 교육생들의 다양한 면면이 눈에 들어왔다. 뭔가 자신감이 넘치는 사람부터 마지못해 앉아 있는 듯 보이는 사람까지, 하나하나 제각기 다른 표정들이었다. 그런 교육생들에게 한 가지 질문을 해보기로 했다.

사실 나는 항상 같은 질문으로 강연을 시작하곤 한다. 수없이 많은 교육생들에게 똑같은 질문을 하는 이유는, 이를 통해 교육생들이 삶의 중요한 진실을 마주하도록 하기 위해서다. 그리고 '삶의 진실을 마주하도록 하는 것'이 내가 강연을 통해 이루고자 하는 가장 중요한 목표이기도 하다.

첫 번째 질문을 했다.

"여러분이 이렇게 열심히 살아가는 이유는 무엇인가요? 무엇을 위해 사시나요?"

15년간 산업교육에 몸담으면서 만난 교육생들은 주로 이렇게 대답했다.

"그냥…… 태어났으니까요."

"돈 벌려고 살지요. 돈 벌어서 장가도 가고, 집도 사고, 여행도 가고……."

"가족을 위해서 삽니다."

간혹 "제가 그걸 알면 여기 있겠습니까?"라고 반문하는 사람들도 있고, 몇몇은 내가 반가워할 말을 꺼내기도 한다.

"행복해지기 위해서 삽니다."

나는 이 답을 듣기 위해서 질문을 했던 것이다. 교육을 받는 교육생 중 열 명의 한 명꼴로 '행복'을 언급한다. "무엇을 위해 사느냐?"는 질문에 대한 답은 여러 갈래일 수 있지만, 결국 행복해지기 위해 사는 것이 아닐까?

많은 돈을 벌고 싶고, 건강해지고 싶고, 번듯한 직장에 다니고 싶고, 자신의 사업을 하고 싶은 것은 모두 목표이지 목적은 아니다. 그래서 '왜 사는가?'라는 물음이 우리에게 매우 중요하다. 그 질문이 인생의 궁극적인 목적을 일깨우는 역할을 하기 때문이다.

그렇다면 과연 일류 기업에 다니는 사람들은 뭐라고 대답했을까?

특별한 대답을 기대했지만 이제껏 내가 만난 다른 교육생들이 내놓은 답과 별다를 바 없는 답변이 이어졌다. 결국 그들도 여느 사람들처럼 행복해지기 위해서 현재를 살아가는 것이다.

겉으로는 화려해 보이는 그들이었지만 다른 보통 사람들과 크게 다르지 않은 삶을 살아가고 있다는 것을 확인하는 순간이었다.

행복하게 살고 싶은 마음은 누구나 똑같다. 어디에 소속되고, 얼마나 가졌느냐가 행복을 가늠하는 잣대는 아니다.

행복이란 과연 무엇일까?

행복의 기준은 어디에 있을까?

"여러분 지금 행복하십니까?"

나는 그들에게 좀 더 본질적인 질문을 했다.

그러자 웅성거리던 장내가 일순간 조용해졌다. 어려운 수학 공식을 묻는 것도 아닌데 모두들 선뜻 대답하지 못하고 머뭇거렸다.

그래서 나는 방법을 달리하여 한 교육생에게 물었다.

"작년에 당신이 세운 목표는 무엇이었습니까?"

"이곳에 취업하는 것이었습니다."

"여기 계신 걸 보니 목표를 이루셨네요! 그럼, 지금 행복하시겠네요?"

그러자 교육생은 멋쩍은 웃음만 지을 뿐 또다시 꿀 먹은 벙어리가 되었다. 나는 또 다른 교육생에게 물었다.

"예전에 목표했던 것을 이룬 적이 있나요?"

"오십 넘기 전에 작은 집이라도 장만하자고 계획했는데 올해 내 집을 장만했습니다."

수줍게 고백하는 교육생의 말이 끝나기 무섭게 여기저기서 감탄과 함께 박수가 터져나왔다. 잠시 그의 어깨가 으쓱거리는 것처럼 보였다. 나는 그때를 놓치지 않고 다시 질문했다.

"원하던 내 집을 장만해서 무척 행복하시겠네요?"

"뭐, 그때 잠시 동안만……."

그 교육생의 말에 모두들 알겠다는 듯 웃었다. 강연을 하면서 익히 보아온 반응이었다. 내가 행복이란 말을 꺼내는 순간 입을 닫고 미온적인 태도를 취하는 사람들이 대부분이었다. 지금껏 나의 질문에 "나는 행복하다"고 당당히 말하는 이는 단 한 명도 없었다.

흔히 우리는 원하는 것을 이루면 행복할 것이라고 착각한다. 이를테면 많은 연봉을 받는 직장에 들어가거나, 넓은 집을 사거나, 꿈꾸던 이성과 결혼하거나, 사회적 성공을 이루면 행복할 것이라고 생각하는 것이다. 그러나 그러한 욕구 충족은 잠시 동안 기쁨을 선사할 수는 있지만 우리를 온전한 행복에 이르게 하지는 못한다. 마찬가지로 원하는 것을 얻지 못한다고 해서 꼭 불행한 것도 아니다. 따라서 행복이란 단순히 욕구를 어느 정도 충족하느냐로 가늠할 수 있는 것이 아니다.

노벨문학상을 수상한 영국의 유명한 철학자 버트런드 러셀은 "행복의 원리는 간단하다. 불만에 자기가 속지 않으면 된다. 어떤 불만으로 해서 자기를 학대하지만 않는다면 인생은 즐겁다"고 말했다. 여기서 우리가 중요하게 깨달아야 할 점은 행복의 기준은 외부에 있는 것이 아니라 내면에 있다는 것이다.

그렇다면 우리는 무엇을 행복이라 해야 하는 걸까? 과연 행복의 기준은 무엇일까?

행복은 '나로부터 자유로워지는 것'이다

개 한 마리가 길을 걷고 있었다. 개는 길가에 놓인 거울을 보고 소스라치게 놀랐다.

'내 뒤를 따라오는 저것은 뭐지?'

개는 자신의 꼬리를 보며 감탄을 금치 못했다.

'하늘로 쭉 뻗은 모습은 기개가 넘치고, 살랑살랑 움직이는 모습은 물결처럼 부드러운걸!'

자신을 황홀경에 빠져들게 한 것이 자신의 꼬리인 줄 모르는 개는 분명 그것에 자신을 행복하게 만드는 무언가가 있을 것이라는 생각이 들었다.

'나도 행복해지고 싶어.' 개는 행복해지고 싶은 마음이 간절해졌다. 그래서 재빨리 몸을 틀어 꼬리를 잡으려고 달려보았다. 하지만 꼬리는 좀체 잡히지 않았다. 개는 머리를 써서 조용히 웅크렸다가 꼬리가 방심한 틈을 엿보기로 했다. '이때다!' 싶을 때 온 힘을 다해 또다시 내달렸다. 그러나 여전히 꼬리는 잡히지 않았고, 개는 영원히 행복을 맛보지 못한 채 계속 그 자리를 맴돌았다.

이 어리석은 개 이야기는 유대인들이 행복에 관한 교훈을 전하고자 할 때 들려준다고 한다. 거울을 자세히 관찰했더라면 개는 자신이 갖고 싶어 하는 꼬리가 원래 자기 것임을 깨달을 수도 있었다. 그렇지만 욕심에 눈이 먼 나머지 그것이 바로 자신에게 있는 것임을 깨닫지 못한 것이다. 그 탓에 개는 영영 행복을 잡을 기회를 놓치고 말았다. 우리도 이 어리석은 개처럼 행복을 멀리서 찾고 있는 것은 아닌지 자문해볼 필요가 있다.

행복은 결코 먼 곳에 있지 않다. 바로 개의 꼬리처럼 자신에게 있는데, 우리가 그것을 인지하지 못할 뿐이다. 따라서 행복을 바라보는 올바른 시각부터 천천히 배워나가야 하는 것이다.

행복의 정의

행복을 바라보는 올바른 시각을 배워나가기 전에 먼저 행복이란 무엇을 뜻하는지 그 정의부터 살펴보기로 하자.

행복은 추상적인 개념이다. 사람마다 만족과 기쁨을 느끼는 대상과 정도가 다르고 가치관, 환경이 다르기에 행복에 대한 기준은 개인마다 큰 차이를 보인다. 그래서 누구나 행복을 이야기하지만 아무도 행복을 명확히 정의하지 못하는 것이다. 심지어 '행복'이란 단어를 사용한 지도 얼마 되지 않았다. 동양에는 아예 행복을 뜻하는 단어가 없었으며 일본에서 'Happiness'를 행복으로 번역한 건 150년도 되지 않았다. 근대 서양에서 '최대 다수의 최대 행복'이라는 공리주의를 바탕으로 쾌락의 크기로 행복을 측정할 수 있다고 주장한 것도 200년이 채 되지 않는다. 결국 자본주의를 거치면서 행복이란 개념에 '쾌락'과 '물질적인 성공'이 결합되었고, 행복을 인간이 추구해야 하는 궁극적인 목표라는 의미로 사용하기 시작한 것이다.

그래서 서양의 행복 개념에서는 인간의 존엄성, 삶의 의미가 퇴

색되고 물질적인 성공, 육체적인 건강, 정신적인 쾌락, 원만한 대인

관계가 더 부각되었다. 그런데 이러한 성공, 건강, 쾌락, 관계는 부

족할 때는 불행함을 쉽게 느끼지만 이것들을 충족한다고 해서 행복

감을 지속적으로 느끼는 것은 아니다.

좋은 집, 좋은 차, 좋은 직장이 주는 만족은 일시적이고 상대적이

다. 현대인들이 추구하는 행복의 요건들은 행복하기 위한 필요조건

이지 충분조건이 아닌 것이다.

내가 교육 시간에 "행복하십니까?"라고 물으면 많은 교육생들이

제대로 답변하지 못하고 머뭇거리는 것도 바로 이 때문이다.

1970년 노벨 경제학상을 수상한 미국의 경제학자 폴 새뮤엘슨

(Paul Samuelson)은, 행복을 $\dfrac{소비}{욕망}$ 라는 공식으로 표현한 바 있다.

나는 이 공식에서 '소비'를 '소유'로 바꿔서 다시 정리해보았다.

$$행복 = \dfrac{소유}{욕망}$$

위 행복공식에서 소유를 10으로 하고 욕망을 10으로 하면 10/10

이 되어서 행복지수는 1이 된다. 1보다 커지면 행복감을 더 느끼고

1보다 작으면 불행을 더 느낀다고 볼 수 있다. 일반적으로 행복지

수는 1을 기준으로 하루에도 수차례 변동한다. 소유는 쉽게 변화가

일어나지 않지만, 욕망은 기분에 따라서 수시로 변하는 까닭이다.

많은 종교인들이나 영적 스승들은 소유에 얽매이지 말고 욕망(마음)을 조절할 것을 강조해왔다. 그런데 이 욕망을 그렇게 쉽게 조절할 수 없기에 인간의 삶은 항상 희로애락으로 얽혀 있는 것이다.

혹자는 소유를 늘리면 행복도 커지지 않느냐고 말할 것이다. 물론 소유가 늘면 일시적으로 행복감이 는다. 그런데 소유가 늘면 대부분 욕망도 뒤따라서 커지는 까닭에 소유가 늘어남으로써 느끼는 행복감은 일시적인 만족으로 끝나기 쉽다.

1000억 원대 부자가 느끼는 행복감이 보통 사람들이 느끼는 행복감과 별반 다르지 않는 것도 바로 욕망이 커지기 때문이다. 욕망이 커지면 1조 원이 있어도 오히려 더 불행해질 수도 있다. 물론 인간이 소유를 완전히 포기할 수는 없다. 생계를 유지할 수 있을 정도의 돈과 집은 필요하다. 그러나 생계에 필요한 것보다 더 많이 소유한다고 해서 행복감이 더 높아지는 것은 아니다.

따라서 진정한 의미의 행복은 소유와 욕망에 기인하지 않는, 온전히 나 자신에게서 비롯되는 것이어야 한다. 그것은 곧 '나로부터 자유로워지는 것'이다.

나로부터 자유로워진다는 것은 속박과 구속이 없는 상태, 즉 안정·인정·지배라는 욕구에서 완전히 벗어나는 것을 말한다. 집착의 원인이 되는 정신적·물질적 욕망, 사회생활 속 인간관계, 노동 등에서 일어나는 관념에서 벗어나는 것을 의미하기도 한다. 즉 기존의 자신을 내리고 비움으로써 '있는 그대로의 나'를 인식하는 데 행복의 진정한 의미가 있는 것이다. 결국 나로부터 자유로워지면 어떤 것에도 흔들림 없는 행복을 얻을 수 있는 셈이다. 나로부터 자유로워지기 위해서는 먼저 정확한 자기인식이 필요하다. 나를 객관적인 시선으로 있는 그대로 바라보고 인식할수록 행복은 더 가까워진다.

일찍이 앨런 와츠(Alan Watts)는 《행복의 의미》라는 책에서 "완성된 행복이란 외적인 사건에 의존하는 것이 아니라 개인의 본성에 속하는 것이며, 고통에 영향을 받지 않는 것이다"라고 말했다. 이는 있는 그대로의 나를 인식하면서 행복을 깨닫게 된다는 것을 의미한다.

또한 빌리 그레이엄(Billy Graham) 목사는 "우리의 영혼이 간절히 바라는 행복은 성공 혹은 실패에 흔들리지 않는 행복, 외적인 문제가 아무리 심각하더라도 우리의 내면 깊은 곳에 뿌리내린 채 내적인 평화와 만족감을 주는 행복이다. 그런 행복은 자극을 필요로 하지 않는다"라고 말했다. 이 역시 일맥상통하는 말이다.

러셀의 《행복의 정복》에도 유사한 이야기가 나온다.

"나는 선천적으로 행복한 사람이 아니었다. 사춘기 때는 삶을 증오해서 늘 자살할 생각을 품었지만, 지금 나는 삶을 즐기고 있다. 한 해 한 해를 맞을 때마다 나의 삶은 점점 즐거워질 것이다. 이렇게 삶을 즐기게 된 비결은 내가 가장 갈망하는 것이 무엇인지를 알아내서 대부분은 손에 넣었고, 이룰 수 없는 것들은 깨끗하게 단념

한 데 있다. 무엇보다도 내가 삶을 즐기게 된 주된 비결은 자신에 대한 집착을 줄인 데 있다."

'있는 그대로의 나'를 발견하는 것만큼 중요한 행복의 기준은 없다. 그러므로 행복해지려면 반드시 나로부터 자유로워지는 '자기인식' 과정이 필요하다. 자신이 행복 그 자체임을 터득해가는 과정이 곧 인생의 가장 큰 행복을 얻는 길이다. 어리석은 개처럼 평생 자신의 꼬리만 쫓지 않으려면 기꺼이 자신의 내면과 마주할 준비를 해야 한다.

자기인식 방법

자기인식을 하고자 한다면 먼저 '관찰'을 해야 한다. 자기인식은 현재 자신의 모습을 있는 그대로 바라보며 받아들이는 데서부터 시작되기 때문이다.

교육생에게 "이제부터 자신을 관찰해보세요!"라고 하면 그들은 대부분 자신의 겉모습만 보는 데 그친다. 그러나 자기관찰이란 외면을 바라보는 데 그치는 것이 아니다. 자기관찰의 목적은 현재 자신의 혼란스러운 생각이나 감정, 행동들로 인해 자유롭지 못한 '나의 상태'를 깨닫는 데 있다.

그래서 자기관찰은 쉬우면서 어려운 과정이다. 우리는 본능적으로 부정적이고 약한 부분을 감추고 회피하려 한다. 애써 들추어내어 자신에게 상처를 줄 필요가 없기 때문이다. 이러한 자기외면과 방어적인 태도가 관찰을 방해하는 요소가 된다.

하지만 그렇다고 미리 관찰에 대한 두려움을 느낄 필요는 없다. 바로 그러한 상태조차 먼저 바라보는 것이 관찰이자 자기인식이다. 자신의 부정적인 면을 없애고 극복하려는 부담감을 내려놓고 자연스럽게 나의 감정적 상태를 읽는 것이다.

예컨대 관찰이 힘들고 어렵다면, 그 모습이 현재 나의 상태라는 것을 알면 된다. 이렇게 나의 감정적인 모습들을 하나씩 관찰하며 읽어나간다면 어느새 자기 내면까지 다다르게 된다. 이때가 바로 자기인식이 이루어지는 순간이다.

자기인식의 순간에는 자신의 상처와 아픔을 정면으로 바라보고, 인정하며, 다스릴 줄 아는 지혜와 용기가 필요하다. 그렇게 자신의 상처와 아픔을 들여다보고 받아들이면 내 안에 무한한 자신감이 존재한다는 것을 자연스럽게 알게 된다. 그럼으로써 우리는 내적 평화와 만족감, 자기 신뢰를 느끼며 행복에 다가서게 된다. 따라서 자신의 부정적인 상처를 다스리기 위해서는 우선 자신의 상태를 관찰하는 것이 무엇보다 중요하다.

그렇다면 관찰을 잘하면 어떻게 될까?

자신을 꾸준히 관찰하다 보면 자신의 내면에 관심을 기울이게 된다. 건강해지려면 몸에 관심이 있어야 하듯이 마음속으로 우러나는 행복을 얻으려면 마음에 관심을 기울여야 한다. 즉 내면에 관심을 기울이지 않으면 자신이 왜 이런 행동을 하는지조차 깨닫지 못한다.

가령 마음속에 가득한 불만을 스스로에게 털어놓는다고 하자. 자신에게 관심을 기울이지 않고 불만만 털어놓으면 현재 자신이 불만이 가득한 상태라는 것은 알 수 있지만 무엇 때문에 불만이 생겼는지는 알 수 없다. 그러면 자신의 불만을 해소할 수 있을까? 그건 불가능한 일이다. 자신이 무엇에 불만을 품었는지 관심을 기울여 관찰해야만 불만이 생긴 원인과 불만을 해소할 방법을 찾을 수 있다.

이를테면 사는 게 너무 힘들고 고달픈 사람이라면 우선 자신의 내면에 관심을 기울여 자신을 괴롭히는 문제가 무엇인지 파악해야 한다. 그것이 경제적인 어려움이든 가정 내 불화이든 사회생활에서 겪는 갈등이든 간에 먼저 자신을 불만족스럽게 만드는 것을 파악해야만 불만을 해소할 방법을 찾을 수 있다. 관심을 기울여 자신의 내면을 들여다보는 관찰과 자기인식이 행복을 찾아가는 첫걸음이다.

하지만 이렇게 자신의 내면을 관찰하고 불만을 해소할 방법을 실행하는 과정에서 우리가 간과해서는 안 되는 한 가지가 있다. 바로 부정적인 관념이다.

"저는 관심을 가지고 하는데도 잘 안 돼요. 노력하다가도 어느 순간 포기하게 됩니다. 왜 그럴까요?"

이런 질문을 하는 사람들이 많다. 작심삼일이란 말이 있듯이 모든 결심을 끝까지 이어나가기란 쉽지 않다. 마음에 뿌리 깊이 자리

잡은 부정적인 관념 때문이다. 앞서 말했다시피 자기외면, 회피, 방어 등의 사고와 오랜 습관, 버릇 등이 우리가 나은 모습으로 바뀌는 것을 자꾸 방해한다. 이러한 것들은 우리가 현재의 모습을 유지하는 것이 편하고 안정적이라고 생각하게 만든다.

이러한 착각 때문에 우리는 자꾸 갈등하고 포기하고 안주하며 바뀌지 못하는 것이다. 즉 '관념'이 우리의 발목을 붙잡고 늘어지는 것이다. 관념이 굳어질수록 그것을 극복하기는 힘들어진다. 아래에 예로 든 두 이야기는 관념의 힘이 얼마나 강력한지 보여준다.

• 벼룩의 예화

벼룩은 자신의 키의 약 500배 높이를 뛰어오른다고 한다. 그러나 벼룩을 유리병 안에 넣어두고 뚜껑을 덮으면 벼룩은 뚜껑에 여러 번 부딪치기를 반복하고, 그런 다음에는 뚜껑 높이까지만 뛰어오른다. 뚜껑을 치워도 유리병 밖으로 나오지 못한다.

더 높이 뛰어오를 능력이 있는데도, 기억된 관념의 벽을 넘지 못해 자신의 역량을 발휘하지 못하는 것이다.

• 불개미의 예화

불개미를 작은 종이컵 안에 놓아두면 넘어서 나온다. 그러나 작은 고무줄을 둥그렇게 빙 두르고 불개미를 그 안에 넣어두면 불개미는 그 안에서만 움직인다. 또한 볼펜으로 선을 그어놓아도 그 선

밖으로 나가지 못하고 볼펜으로 그은 선 안에서만 맴돈다. 왜냐하면 불개미는 유황 냄새를 싫어하기 때문이다. 그래서 유황 냄새가 나는 고무줄도 볼펜으로 그은 선조차도 넘지 못하고 늘 피해 다니는 것이다.

이렇게 한번 굳어진 관념은 매우 강력한 힘을 발휘해서 우리의 사고와 행동을 지배한다. 또한 부정적인 관념은 우리가 가진 능력과 힘을 제대로 발휘할 수 없게 만들고 변화를 꾀하거나 새로운 일에 도전할 엄두를 내지 못하게 만든다. 이처럼 관념의 벽이 높고 굳건한 까닭에, 관념을 깨지 않고서는 아무런 변화도 이룰 수 없다.

자신의 관념이 긍정적인지 부정적인지 확인하라

관념이란 흔히 '고정관념'을 말한다. 우리가 삶 속에서 터득한 앎이나 지식, 정보, 경험, 가치관 등을 포함한 넓은 의미의 의식인 셈이다.

우리는 주로 관념을 바탕으로 생각하고 판단하고 행동한다. 또한 어떤 행동을 하기 전에 우리는 머릿속으로 그 행동이 미칠 파장, 행동을 이행하는 과정에서 겪을 어려움, 행동의 결과 등을 미리 예측

하며 주저하거나 전진하기도 한다. 그러면서 또 다른 관념을 축적해간다. 이렇게 하나하나 만들어진 관념이 결국 자신의 삶이 되는 것이다.

그렇다고 관념이 전부 나쁜 것만은 아니다. 관념에도 긍정적인 관념이 있고, 부정적인 관념이 있다. 긍정적인 관념은 항상 무엇이든지 수용하고 이해하고 배려하는 행동을 하게 만든다. 반면 부정적인 관념은 무엇이든 오해하고 갈등하고 자신의 입장에서 해석하게 만든다. 그리하여 부정적인 관념의 소유자는 오직 자신을 위한 선택과 판단을 내리고, 괴로운 상황에 놓이거나 불이익을 받으면 모든 이들을 가해자라고 생각해 타인에게 짜증과 화를 내고 비난하며 자신을 방어하는 행동을 한다.

이러한 성향은 강의할 때 교육생들에게서 쉽게 발견할 수 있다. 강의를 할 때 반복되는 내용이 있으면 긍정적인 관념의 소유자는 "지난번에 들었을 때 너무 인상 깊었어요. 오늘 또 들으니까 다시 상기되어 정말 좋습니다"라고 말한다. 반대로 부정적인 관념의 소유자는 "지난번에도 들었는데 또 듣네. 다 아는 내용을 뭘 그리 요란을 떨지? 강사님 뭐 새로운 것 없습니까?"라고 불평·불만을 이야기하곤 한다. 하지만 그들은 결코 자신을 부정적인 관념의 소유자라 생각하지 않는다. 관념이 그들 자신에게 관심을 쏟고 내면을 관찰하는 것을 방해한 까닭이다.

그래서 '자신의 관념이 어느 쪽에 더 기울어 있는지'를 빨리 판단해야 한다. 만일 부정적인 관념으로 기울어졌다면 고통이 따르겠지만 노력과 의지로 극복하면서 긍정적 관념으로 바꾸어야 한다.

결국 자기관념을 알아차리고 내 안의 잠자는 나를 외부로 이끌어내야 하는 것이다. 지금까지 이야기한 궁극적인 행복에 다다르는 과정을 다음과 같이 순차적으로 표현할 수 있다.

강의를 할 때 여기까지 설명하면 누군가는 꼭 이런 질문을 한다. "자신의 관념이 긍정적인지 부정적인지 어떻게 알 수 있나요?"

이제부터 우리가 해야 할 일이 바로 그것이다. 자신의 관념이 긍정적인지 아니면 부정적인지 판단하려면 먼저 자신의 의식을 살펴보아야 한다. 어떤 관념이 나의 감정 또는 말과 행동으로 나타나는지 알게 해주는 것이 'RGB(Red Mind, Green Mind, Blue Mind)'다.

RGB는 인간 의식을 구분 짓는 하나의 방법이다. RGB를 통해 우리는 자신의 의식 수준을 들여다보고, 어떻게 하면 더 나은 삶을 살 수 있는지 깨달을 수도 있다. '내가 앞으로 무엇을 해야 하는지',

'어떻게 나아가야 하는지'를 알려주고 '내가 진정으로 원하는 것'을 찾고 그것을 실현할 힘이 RGB에서 비롯된다고 할 수 있다.

이제 우리는 RGB가 무엇인지 본격적으로 알아볼 것이다. 또한 자신의 의식 수준이 어떤 상태에 있는지를 확인하는 방법과 자신의 삶을 행복한 방향으로 이끄는 방법을 살펴볼 것이다.

차례

블루마인드Blue Mind

프롤로그 인간의 궁극적인 목적은 행복이다   4

Chapter 1 | 변화와 창조의 힘
            '블루마인드'

RGB 마인드란?   28
나는 어떤 의식의 영역 안에 있을까?   38
절대 긍정의 힘, 블루마인드의 효과   46
'느림'이 아닌 '멈춤'을 두려워하라   53
　Tip　나의 긍정지수 확인표   58

Chapter 2 | 블루마인드에
비전을 더하라

현재 자신의 미래를 확인하라   62

행복은 내가 '인생의 주인' 일 때 찾아온다   71

당신은 비전이 있는가?   76

비전을 구체적으로 수립하는 방법   82

Tip   비전을 구체적으로 실행하는 단계   90

팔자를 풀면 인생이 풀린다   92

Chapter 3 | 비전을 현실로
만드는 비결

믿음이 행동을 만든다   102

생각은 '미래 에너지' 다   110

미래를 긍정적으로 상상하라!   117

목표에 빠르게 접근하는 방법 '상상 훈련'   123

상상 훈련의 눈 '블루아이(blue eye)' 를 열어라   131

할 때까지, 될 때까지, 이룰 때까지!   136

Tip   프로가 되기 위한 연습   143

Chapter 4 | 긍정 에너지를
더욱 향상시키는 법

의식을 키우는 '관찰, 성찰, 통찰의 3단계'   146
긍정 에너지를 키우는 작은 성취감   156
자신의 장점을 소유하라   164
자신의 가치를 의심하지 마라   171
자존심이 아닌 자신감을 기르자   178
행복한 길 위를 걸어라   186

Chapter 5 | 네가 행복해야
나도 더 행복하다

더 행복하려면 '상생 마인드'를 가져라   198
'수용과 포용'이 진정한 상생을 가능케 한다   210
대인관계를 해치지 않는 대화법   217
긍정적으로 화내는 방법을 익혀라   227
자신을 낮추는 것이 가장 높아지는 길이다   234

에필로그 블루마인드 의식을 지속적으로 가질 수 있는 방법   241

● 교육안내 블루마인드 조직 활성화   247
● 교육안내 마음성형 힐링   248

블루마인드 유형은 어떤 일을 하든
항상 '가능하다!'는 마음가짐으로 시도를 한다.
하다가 실패를 하더라도 흔들리지 않는다.
실패에 좌절하고 포기하는 것이 아니라
단지 과정의 일부라 생각하고 받아들인다.

변화와 창조의 힘 '블루마인드'

RGB 마인드란?

평소에 내가 하는 말과 행동은 어디에서 나오는 것일까? 어떠한 생각이 현재 자신의 모습을 만든 것일까?

우리는 아직 우리 자신에 대해 깊이 알지 못한다. 한 사람의 인생을 만들어가는 삶의 태도는 단순히 사고에서 비롯되는 것이 아니다. 예컨대, 잘못된 언행을 인정하고 고치려 해도 뜻대로 되지 않는 것처럼 생각만으로는 쉽게 자신을 바꿀 수 없다. 왜냐하면 잘못된 언행은 생각에서 비롯되는 것이 아니라 우리의 내면 깊숙한 곳에 뿌리내린 관념에서 비롯되기 때문이다. 즉 나의 태도를 결정짓는 것은 그때그때 일어나는 생각이나 감정이 아니라 의식의 틀 안에 잠재된 관념인 것이다.

자신의 생각, 감정, 행동은 모두 의식에서 비롯된다. 빗물이 서서

당신이라면 어떻게 읽겠습니까?

히 땅에 스며들듯이 의식이 서서히 삶의 태도로 파고들어간다. 그래서 자신을 바꾸려면 생각이 아닌 내면의 의식부터 바꿔야 한다.

의식은 우리가 세상과 사물을 바라보는 렌즈(안경)나 다름없다. 렌즈가 긍정적이라면 긍정적인 삶을 살 것이며, 렌즈가 부정적이라면 부정적인 삶을 살 것이다. 그만큼 의식은 내 삶에 절대적인 영향력을 행사한다.

따라서 나의 의식을 아는 것은 곧 내 삶을 바꾸는 열쇠를 얻은 일이나 마찬가지다. 그래서 자신의 의식을 명확히 아는 사람들은 자신의 의지대로 삶을 결정하기가 훨씬 수월하다. 방법에 차이는 있으나 근본적으로 의식의 영역을 활용한다는 점에서는 동일하다. 자신의 의식을 잘 알고 활용하면 자신의 삶을 원하는 방향으로 이끌수 있는 것이다.

나는 그동안 의식의 비밀을 연구하면서 많이 놀라고 감동을 받았다. 하지만 아쉬운 점이 하나 있었다. '과연 나는 어떤 의식을 가지고 살아가고 있는 것일까? 내 의식은 어떤 영역에 속할까?' 하는 의문이 풀리지 않은 것이다. 이러한 의문을 시원스레 풀어주는 사람도 이론도 없었다.

의식을 제대로 이해하고 활용하려면 먼저 자신의 의식 수준을 객관적으로 확인해보아야 한다. 내 의식이 어떤 영역 안에 있고, 그래서 어떻게 변화해야 하며, 무엇으로 자신을 채워야 하는지를 인지해야 내가 원하는 의식을 가질 수 있는 것이다. 이러한 첫 단추를 꿰지 않으면 자신의 삶을 바꿀 아무리 훌륭한 계획이 있다 하더라도 무용지물이다.

그렇기에 의식의 영역을 구현한 '의식의 마인드맵'을 통해 나는 3단계 인간의 의식(RGB) 이론을 제시하고자 한다. 우리는 RGB 이론으로 자신의 의식 수준을 객관적으로 확인할 수 있다. 나의 의식 수준이 어느 정도인지를 확인하고 어떤 변화를 추구해야 하는지를 알면 진정한 행복에 좀 더 가까이 다가갈 수 있다.

인간 의식의 빛깔
'RGB' 마인드

어릴 적 누구나 한번쯤 프리즘을 가지고 빛을 투과하는 실험을 해보았을 것이다. 백색광으로 보이던 빛이 프리즘을 통과하며 아름다운 무지개 색깔로 보일 때, 육안으로는 보이지 않던 색을 발견하는 일은 매우 흥미로운 경험이다.

사실 우리가 사는 세상은 다양한 색채가 펼쳐진 거대한 팔레트와도 같다. 태양에서 방출된 빛은 지상에 도달하면서 각 파장의 길이에 따라 다른 색깔을 나타낸다. 모든 물질은 빛을 흡수하거나 반사하는데, 반사된 빛이 색을 결정하는 것이다. 자연의 색은 이러한 결과물이다. 과일과 곡식의 색깔은 물론 영양분까지, 모두 빛의 파장에 따라 결정된다. 즉 빛이 모든 물질의 에너지원인 셈이다.

인간 역시 마찬가지다. 인간의 몸은 빛을 받아 일곱 가지 색깔을 나타내는 프리즘과 같다. 빛을 흡수·반사하는 정도의 차이가 곧 인종의 차이이며, 인간이 체온을 유지할 수 있는 것도 빛 덕분이다. 인간은 빛 에너지가 담긴 음식을 먹으며 삶을 영위하므로 인간 역시 빛을 에너지원으로 삼아 살아가는 존재라 할 수 있다. 그러므로 인간 역시 색깔(반사된 빛)로 구별할 수 있다.

다만 인간의 색을 나타내는 에너지는 인간의 몸이 아닌 다른 곳에 있다. 자연 물질의 색을 결정하는 것은 가시광선이다. 그렇지만 인간의 색을 결정하는 것은 내면의 의식이다. 현재의 심리적·감정적·육체적 상태, 물질을 바라보는 시각 등등 색은 자신의 전부를 담아낼 수 있는 그릇과도 같다. 그래서 인간이 지닌 고유의 색은 자신의 의식을 나타내는 것이라고 볼 수 있다.

앞서 언급했듯이, 의식은 인간의 행동과 사고를 지배하며 눈에 보이는 현상계를 재창조해내는 힘이 있다. 이 힘은 파괴적인 힘과 창조적인 힘으로 나뉘는데, 그것을 과학적으로 정확하게 실험해서 수치로 나타낸 자료가 있다. 바로 데이비드 호킨스(David Hawkins) 박사의 연구물이다.

[표 1-1] 의식의 밝기

사람에게 힘을 주는 긍정적인 에너지			사람을 약하게 만드는 부정적인 에너지		
의식 밝기	의식 상태	감정 상태/에너지 상태	의식 밝기	의식 상태	감정 상태/에너지 상태
700~ 1000	깨달음	언어를 넘어선 경지	175	자존심	경멸, 과장됨
600	평화	축복, 자유, 빛, 하나 됨	150	분노	미움, 공격적임
540	기쁨	고요함, 거룩함	125	욕망	갈망, 구속당함
500	사랑	존경, 행복, 밝음	100	두려움	불안, 긴장, 의심
400	이성	이해, 조화로움	75	슬픔	외로움, 울적함
350	포용	용서, 관대함	50	무기력	우울함, 절망적임, 지침
310	자발성	낙관, 힘찬 긍정	30	죄의식	죄스러움, 자포자기
250	중용	신뢰, 해방감	20	수치심	수치스러움, 굴욕적임
200	용기	긍정, 원기 왕성함			

참고: 데이비드 호킨스 박사의 의식 발달 레벨

호킨스 박사의 《의식 혁명》에는 인간의 의식을 빛의 밝기로 수치화한 흥미로운 자료가 실려 있다. 20여 년간의 임상실험과 과학적인 데이터를 바탕으로 그는 인간의 의식을 수치화하는 데 성공했으며, 그 의식을 빛의 밝기를 나타내는 럭스(lux)라는 단위로 표현했다.

호킨스 박사는 인간의 의식 발달 수준을 1에서 1000까지 빛의 밝기로 환산해서 17단계로 나눈 점수대의 의식을 보여준다. 그리고 의식 수준은 200점을 분기점으로 파괴적인 힘과 창조적인 힘으로 나뉜다.

1000점에서 200점까지는 깨달음과 평화, 기쁨, 사랑, 이해, 용서, 낙관, 신뢰와 원기 왕성함을 나타내는 긍정의 의식 상태이지만, 200점 미만부터는 경멸과 분노, 욕망, 두려움, 슬픔, 무기력, 죄의식, 수치심의 부정적 의식 상태가 나타난다고 분류했다.

이처럼 호킨스 박사가 의식의 밝기를 17단계로 구분했다면, 또 한 명의 의식의 대가로 칭송받는 켄 윌버(Ken Wilber)는 이와 유사한 논리를 스펙트럼 형태로 나타냈다. 즉 윌버는 인간의 행동이나 생각, 의식과 무의식을 통해서 생성된 에너지가 파장을 통해 고유의 색으로 표현된다고 보았는데, 이것이 바로 '의식의 스펙트럼'이다.

윌버에 따르면 인간의 의식은 빛의 파장에 따라서 각기 고유의 의식 수준을 나타낸다고 한다. 그래서 인간의 의식을 빛의 스펙트럼처럼 구분할 수 있다는 것이다. 예컨대 실제로 인도 요가에서는 사람의 에너지(chakra)를 7단계의 색으로 구분한다. 프리즘을 통과한 빛처럼 인간의 의식의 색 역시 '빨, 주, 노, 초, 파, 남, 보' 일곱 가지 색을 띠며, 무색의 '흰색'이 최상위에 존재한다. 낮은 의식 상태에서 나타나는 파장이 긴 붉은색, 의식이 성장할수록 붉은색의 파장이 짧아지면서 보이는 초록색, 초록색의 파장이 더 짧아지면 나타나는 파란색과 흰색 등으로 크게 구분 지을 수 있다.

실제로 인간이 구별할 수 있는 색깔은 빨강, 초록, 파랑 세 가지 뿐이다. 나머지 색들은 머릿속에서 순식간에 일어나는 세 가지 색깔의 조합에 따라 구별되는 것이다. RGB(Red 빨강, Green 초록, Blue 파랑) 세 가지 광원의 세기를 조절함으로써 모든 색을 얻을 수 있기 때문이다.

따라서 인간의 의식 수준을 간단하게 세 가지 색으로 구분할 수 있는 것이다. 파장이 길고 에너지가 낮은 레드와 중간 단계인 그린, 파장이 짧고 에너지가 높은 블루다. 인간의 의식은 긍정적으로 변할수록 에너지가 높아지며 레드에서 그린, 그린에서 블루로 순차적으로 성장하게 된다.

RGB 마인드에 따른 의식 유형

그렇다면 과연 우리 몸과 마음에 들어오는 색채는 어떤 에너지를

만들어낼까? 우리는 그 미지의 에너지에 대해 어느 정도나 알고 있
는 것일까?

이기적인 의식의 영역 '레드마인드'

붉은색을 띠는 의식 영역을 레드마인드(Red Mind)라고 하며, 이
의식은 늘 자신의 입장에서만 생각하고 평가하는 특징이 있다. 즉
자기 자신 또는 자신의 영역만을 우선시하는 이기적이며 냉소적인
사람의 의식 상태다. 레드마인드의 소유자들은 스스로 두려움, 절
망, 무기력, 증오, 격노, 짜증, 비관, 불안, 복수 등의 감정에 사로잡
혀 지난 과거에 집착하며 살아간다. 그로 인해 주변 사람들 역시 부
정적인 감정을 느끼도록 만들고, 불행이란 울타리 안에 가두고 만다.

일이 뜻대로 안 되면 남 탓, 환경 탓을 하며 어떤 일을 하든, 어떤
상황에서든 늘 부정적인 에너지를 활용한다. 항상 불평, 불만을 입
에 달고 살아가는 것이다. 그래서 원히는 것이 있더라도 거의 이루
지 못하며, 설령 이룬다 하더라도 결과가 그리 오래가지 못한다. 안
된다는 상상과 자괴감에 자주 빠지는 탓에 불편하고 불안정한 마음
이 떠나지 않기 때문이다. 그 혼란스러운 마음은 결국 자신뿐만 아
니라 주변까지 오염시킨다.

보편적인 의식의 영역 '그린마인드'

초록색을 띠는 의식 영역을 그린마인드(Green Mind)라고 하며,

이 의식은 상황에 따라 자신의 입장을 바꾸며 타인을 의식하는 특징이 있다. 즉 자신이 강할 때는 적극적·열정적·포용적이지만, 나약해지면 반대로 소극적·방관적인 태도를 보이며 상대를 이용하려는 권모술수를 사용하기도 한다. 이런 상태의 사람들은 한편으로는 삶을 긍정하고 기대와 신념, 열정을 품고 어떤 일에 도전하기도 하지만 한편으로는 의심, 분석, 평가하면서 과거의 의식에 갇혀 살아간다. 이런 사람들은 대부분 지금 자신이 처한 상황에 100% 만족하지 않기에 장밋빛 미래를 꿈꾼다.

이들은 남에게 어떻게 보이는지를 중요시하고, 경쟁에서 이기고 자신의 실적과 업적을 돋보이게 하려고 노력한다. 이런 유형의 대표적인 예로는 정치인을 들 수 있다. 원하는 것을 이루기 위해 자신의 신념과 열정을 다해 의욕적으로 출발한다. 하지만 대부분 어느 한계를 넘지 못하고 '이 정도면 잘했어. 충분해!' 라고 생각하며 자신과 타협을 시도한다. 이처럼 상황에 따라 긍정적인 행동을 보였다가 어느 순간 부정적으로 바뀌기도 한다. 거의 대부분 사람이 이런 유형의 의식 상태에 머문다고 할 수 있다.

절대 긍정의식의 영역 '블루마인드'

블루마인드(Blue Mind)는 항상 상생과 공존의 입장을 취하는 상태다. 수용과 배려의 마인드로 희망, 낙관, 기쁨, 감사, 행복 등 자유로운 삶의 태도를 취한다. 블루마인드를 가진 사람들은 항상 미래의 사건을 현재로 가져와서 즐겁게 상상하며 살아간다. 어려운 환경에 있더라도 낙관적으로 받아들이는 것이다. 즉 부정적인 상황도 매사 긍정적으로 해석한다. 늘 의심하고 두려워하는 관념에 사로잡힌 사람들은 전혀 이해하지 못하는 경지에 이르는 것이다.

블루마인드의 소유자들은 애써 타인을 위한 삶을 외치지 않는다. 자신을 위한 삶이 결국 타인을 위한 삶이란 것을 알기 때문이다. 이는 자신의 긍정적인 마인드가 주변에도 자연스럽게 영향을 미치는 까닭이다. 따라서 블루마인드의 상태에서는 자신은 물론 주변 사람들에게도 모든 결과들이 긍정적으로 나타난다.

[표 1-2] RGB 마인드 유형 비교

RED	GREEN	BLUE
- 절대 부정의 마음 - 구경꾼의 마음 - WIN의 마인드	- 좋고, 나쁨의 마음 - 조연의 마음 - WIN-WIN의 마인드	- 절대 긍정의 마음 - 주연의 마음 - WIN-WIN-WIN의 마인드
- 1차원적인 시각 - 나의 마음 - 무관심, 의심, 욕망적 상태 - 안정의 욕구 - 성적 사랑 - 正의 단계	- 2차원적인 시각 - 우리의 마음 - 자존심, 용기, 자신감의 상태 - 인정의 욕구 - 용서와 이해 - 反의 단계	- 3차원적인 시각 - 우리 모두의 마음 - 수용, 배려, 사랑, 기쁨의 상태 - 욕구에서 자유로움 - 균형과 조화 - 合의 단계

나는 어떤 의식의 영역 안에 있을까?

RGB를 호킨스 박사의 이론에 대입해보면, 의식의 밝기 200은 아주 중요한 터닝 포인트다. 여기가 레드에서 그린으로 넘어가는 분기점이자, 창조적인 힘과 파괴적인 힘을 나누는 구분점이다.

호킨스 박사에 따르면 인간의 평균적인 의식 수준은 '204'라고 한다. 그린마인드의 영역 안에 속해 있는 것이다. 하지만 실제 개인의 의식 수준과는 다소 차이가 있다. 80%가 넘는 대다수 사람들은 부정적인 레드마인드에 머물러 있다. 200 이상의 의식 수준을 가진 소수의 긍정적인 사람들 덕분에 평균적인 의식 수준이 그나마 그린을 유지하는 것이다.

따라서 보통 사람들의 의식 수준은 대부분 평균보다 낮은 영역 안에 있다. 평소 자신의 행동 패턴을 살펴보면 자신의 의식 수준을 판가름하기 쉽다. 이제부터 '나는 어떤 의식의 영역 안에 속하는지'를 객관적으로 판단하고 이해하는 시간을 가져보도록 하자.

'거친 반항아' 레드마인드 유형

레드마인드 유형은 해보지도 않고 '나는 안 된다'고 생각할 때가 많다. 어떤 새로운 일이 주어지면 먼저 '내가 왜? 나만 시키지?', 혹은 '이걸 왜 해야 하지?', '필요 없을 것 같은데……'와 같은 의구심부터 자아낸다. 자신을 한계 안에 가두는 사고에서 벗어나지 못하기에 이들은 기본과 원칙을 무시하고 시도조차 제대로 하지 않는다. 그래서 거절과 외면, 저항 같은 반응들을 자동적으로 작동시킨다.

또한 레드마인드 유형은 자신의 사고와 견해를 우선시하기에 자신과 의견이 맞지 않으면 상대방을 배척한다. "딩신은 틀렸어!"라고 질책하며 상대방을 비난하고 무시한다. 이런 유형은 설사 자신이 잘못 행동했더라도 결코 인정하는 법이 없고, "남들도 다 그래 왔는데 왜 나만 가지고 그래!" 같은 변명과 책임 회피로 일관한다. 모든 상황을 부정적·냉소적·염세적으로 받아들이는 성향의 사람이라 할 수 있다.

'오락가락 전략가' 그린마인드 유형

그린마인드 유형은 '하면 되겠지? 과연 그럴까?'라는 의구심이 많다. 이들은 항상 근거가 되는 이론과 방법을 제시해주길 원한다. 대략적인 구도와 방향성을 확인해야 움직이는 타입으로, 멘토가 되는 인물이나 책에 의존하는 경향이 높다. '나도 저렇게 하면 그처럼 되겠구나!' '이러면 문제가 해결되겠지'와 같이 막연히 장밋빛 미래를 기대하는 타입이다.

하지만 기대대로 되지 않으면 돌변하기도 한다. 짜증을 부리고 자존심에 상처를 받는 것이다. 마치 엄마에게 떼를 부려 원하는 것을 얻으려는 어린아이와도 같다. '울면 엄마가 장난감을 사줄 거야'처럼 누군가 이렇게 해줄 것이란 희망을 품다가, 희망이 사라지면 상처받고 분노한다. 즉 자기 혼자 기대하고 계획하다 스스로 지치고 실망하는 사람이다.

이들은 어떤 새로운 것이 주어지면 늘 상황을 판단하고 동기부여를 받고 '유리한가? 아닌가?'를 따져서 수용한다. 그렇지만 한편으로는 자신과 견해가 다른 사람을 그 사람의 입장에서 이해하려 노력하는 성향도 있다.

'이해를 초월한 철학가' 블루마인드 유형

블루마인드 유형은 어떤 일을 하든 항상 '가능하다!'는 마음가짐으로 시도를 한다. 하다가 실패를 하더라도 흔들리지 않는다. 실패에 좌절하고 포기하는 것이 아니라 단지 과정의 일부라 생각하고 받아들인다.

그들은 누가 대신 어떤 일을 해주기를 기대하지 않는다. 자발적으로 나서서 자신의 일을 개척하며 나아가되, 결코 내가 해냈다는 자랑을 하지 않는다. 그저 당연한 결과라 여기면서 겸손해한다. 또한 타인에게도 마음을 열고 공감하기에 '너와 내가 남이 아니고 너의 아픔이 너만의 문제가 아님'을 인지한다. 모든 사물이나 상대방을 보는 눈이 열려 있어서 직관적으로 완전한 소통을 할 수 있는 것이다. 따라서 이런 사람들에게는 인자함과 헌신, 성실함, 겸손함, 용맹함, 친근감, 지혜로움 등의 인성이 느껴진다.

우리는 위 유형들을 바탕으로 자신의 의식 수준을 확인할 수 있다. 자신의 행동 패턴이 과연 어떤 에너지의 영향을 받고 있는지, 그로 인해 자신의 삶이 현재 어떤 모습을 하고 있는지, 새삼 인생의 발자취를 되짚어볼 수도 있다.

흔히 인생을 마라톤에 비유하기도 한다. 순간순간의 성공과 실패에 따라 인생의 결과가 결정되는 것이 아니라는 것을 강조하기 위해 인생을 마라톤에 비유하는 것이다. 그렇지만 인생이 여러모로 마라톤과 비슷한 점이 있지만, 아주 다른 점도 한 가지 있다. 바로 마라톤에는 정해진 결승점이 있는 반면, 인생 여정에는 정해진 방향도 결승점도 없다. 그래서 지금 이 순간 '앞으로 내가 어떤 방향으로 나아가고 싶은가' 라는 고민을 해볼 필요가 있다.

자신의 의식 수준을 아는 것은 더 없이 소중한 기회를 얻는 것과 같다. 자신의 의식 수준을 알아야만 자신의 삶의 방향을 어떻게 변화시켜갈지 스스로 선택할 수 있기 때문이다. 그리고 그 선택은 앞으로 자신의 길잡이가 되어 인생에 많은 변화를 가져다줄 것이다.

당신은 어느 정도의 변화를 원하는가?

세상에 공짜는 없다. 씨를 뿌린 대로 거둔다 하지 않던가. 반드시 행동하는 만큼만 나에게 주어지는 것이 삶의 이치다. 원하는 것을 얻고자 외치기만 한다고 이루어지는 것은 아무것도 없다. 원하는 것을 얻을 수 있는 행동을 해야 기적처럼 보상을 받을 수 있는 것이다.

생각을 행동으로 옮기는 과정은 사람의 의식 수준에 따라서 달라진다. 내가 어떤 의식을 쓰느냐에 따라 삶이 결정되는 것이다. 그러므로 지식이나 경험, 외모는 그리 중요한 요건이 아니다. 각 개인의 마인드 역량, 즉 의식 수준에 따라서 변화의 단계가 달라진다. 목표가 이루어지는 과정도 다르고, 결과물도 다른 것이다.

예컨대, 당신이 현재 열심히 생활하지만 아무런 좋은 결과도 얻지 못하고 있고 앞으로도 이렇다 할 비전이 보이지 않는다면 무엇이 문제일까? 그것은 아마도 당신이 성공할 수 없는 방식으로 열심히 하기 때문일 것이다. 혹시 남이나 환경을 탓한 적은 없는지, 지나치게 주변을 의식하지는 않는지, 타인 의존적인 행동을 보이지는 않는지 객관적으로 자신을 관찰해볼 필요가 있다.

사람들은 흔히 변화라고 하면 'a'에서 'A'로 바뀌는 것을 떠올린다. 즉 일반적으로 성장하며 자라는 것을 변화라고 생각한다. 물론 작은 a에서 큰 A로의 변화도 대단하다. 하지만 그것이 성공과 행복을 보장한다고는 할 수 없다. 요즘 같은 사회에 이런 일반적인 변화는 더 이상 경쟁력이 없다. 행복한 미래라는 기쁨을 얻고 오랫동안 누리려면 단순한 변화가 아닌 창조적인 변화를 해야 하는 것이다.

창조적 변화는 작은 a에서 큰 A로 성장하는 데 멈추는 것이 아니라 A^+, A^{++}로 의식을 확장해나가는 것이다. 뿐만 아니라 그것을 뛰어넘어 새로운 의식의 전환을 이루는 것, 그것이 바로 창조적 변화다. 가령 'A→B'로, 'A→C'로 다양하게 변화와 혁신을 하는 것이다. 의식의 확장이 아닌 의식의 전환이 시대가 원하는 창조적 변화의 한 형태인 것이다.

따라서 자신이 원하고 만족하는 행복을 얻으려면 새로운 마인드로 전환을 시도해야 한다. 내가 있는 의식의 단계에서 벗어나 힘을 주는 에너지의 단계로 올라서야 하는 것이다. 즉 창조와 변화의 힘이 내재된 블루마인드의 단계로 나아가야 한다.

나의 행동 패턴이 R이라면 G로, G라면 B로 나의 의식을 전환해야 한다. R, G, B 각각의 상태에서 느끼는 만족감은 다를 수밖에 없다. 계단 아래에 있는 사람은 계단 위에 무엇이 있는지 모르고 아래만 보고 산다. 계단의 중간에 머문 사람 역시 그 정도의 것만 얻고 산다. 하지만 계단 위에 올라선 사람은 전부를 얻을 수 있다. 그만큼 다가올 미래의 모습도 다른 법이다.

[표 1-3] 패러다임의 전환

R	G	B
너 죽고 나 죽자	너 죽고 나 살자	너 살고 나 살자
NO! 안 하겠다	해보자!	Yes! (무조건) 하겠다
왜 달려! 미친 거 아냐?	생각하고 달린다	달리면서 즐긴다
나는 할 수 없다	나는 할 수 있다	우리는 할 수 있다
네가 뭔데	너나 잘해라	함께 잘해서 웃어보자
슬픔 · 분노	갈등 · 인내	관용 · 용서

그러므로 자신이 매순간 어떤 변화의 단계에 있는지 자문해볼 필요가 있다. 그러면서 아울러 자신이 다가오는 행복을 거절하고 있지는 않은지, 행복을 수용할 준비만 하고 있지는 않는지, 이미 행복을 누리고 있는지 점검해볼 필요가 있다.

마인드란 인간이 가진 능력 가운데 가장 강력한 능력이다. 마인드를 잘 활용하는 사람은 행복한 인생을 누릴 것이요, 그렇지 못한 사람은 불행에서 벗어나지 못할 것이다. 이 사실을 항상 인지하며 더 나은 미래를 만들기 위한 블루마인드를 준비하도록 하자.

절대 긍정의 힘, 블루마인드의 효과

통계에 따르면 긍정 에너지를 사용하는 사람의 비율은 고작 15% 내외라고 한다. 우리 사회는 가능성을 믿는 15%의 사람들 덕분에 지금껏 발전해온 셈이다.

실제로 인간의 역사는 항상 긍정적인 혁명가들에 의해 발전하고 진보했다. 과학은 물론 인문, 예술도 '할 수 있다'고 믿는 사람들이 목표를 성취해서 이룩한 것임을 부정할 수 없다. 나머지 85%의 사람들은 그들이 이룩한 기술과 문화의 혜택을 받고 있을 뿐이다.

소수의 긍정 에너지가 사회 전반의 놀라운 변화를 이끌어낼 수 있었던 이유는 과연 뭘까? 그것은 바로 긍정 에너지의 강력한 힘 덕분이다. 15%의 긍정 에너지가 나머지 85%의 부정 에너지를 상쇄하고도 남을 강력한 에너지를 가지고 있어서다.

블루마인드는 자신은 물론 주변 사람들까지 변화시킨다

블루마인드를 사용하는 긍정적인 사람들은 의식의 세계에서도 등불과 같은 존재다. 밝고 활기찬 사람 옆에 있으면 저절로 기분이 좋아지는 것처럼, 옆에만 있어도 자연스럽게 그 에너지를 흡수하게 된다. 그래서 블루마인드를 가진 한 사람은 주변의 여러 사람에게 긍정 에너지를 전파할 수 있다.

예를 들어 의식 수준이 높은 성인이나 유명 인사를 봐도 그렇다. 그들의 영향력은 시공을 초월한다. 우리는 여전히 성인의 가르침을 받고, 마인드의 변화를 추구한다. 유명 인사 역시 마찬가지다. 이들의 강연이나 실생활을 접하며 우리는 자극받고 마음가짐을 새롭게 한다. 이처럼 블루마인드의 소유자는 불특정 다수에게 나비효과처럼 변화의 날갯짓을 자극한다.

이 같은 블루마인드의 효과는 전래동화 《심청전》에서도 엿볼 수 있다. 이 이야기의 핵심은 심청이가 인당수에 자신을 희생함으로써 심 봉사의 눈을 뜨게 하는 것이다. 그렇지만 나는 단순히 심청이의 효심에 초점을 맞추어 이야기를 해석하지 않는다. 심청이라는 인물이 가진 상징성 때문이다.

심청은 곧 심청(心靑)으로 볼 수 있다. 즉 마음이 푸른 사람, 블루마인드의 인물로 볼 수 있다. 이야기 속에서도 심청은 사랑, 희생, 배려, 인내, 희망 등 긍정 에너지를 가지고 있다. 이런 블루마인드의 인물이 자신의 아버지 심 봉사를 위해 헌신한다.

알다시피 심 봉사는 앞을 보지 못하는 인물로 마음이 봉사인 사람, 즉 마음이 닫힌 사람을 의미하기도 한다. 더군다나 열등감과 자괴감을 드러내며 레드마인드의 성향을 보인다. 따라서 블루마인드인 심청이 레드마인드인 심 봉사를 위해 자신을 희생해 눈을 뜨게 한다는 이야기는 상당히 의미심장하다.

공교롭게도 심청이 뛰어내린 곳은 인당수다. 인당(印堂)은 얼굴에서 으뜸인 곳, 제3의 눈이 열리는 생명 에너지의 창고다. 인도 요가에서 인당은 여섯 번째 에너지 중심(Ajna Chakra)에 해당하며 전통적으로 이 에너지의 빛깔은 파란색으로 나타낸다(RGB 이론에서도 인당은 블루마인드의 에너지가 나오는 곳이다). 그래서 심청이 인당수에 빠진 것은 결코 우연이라 할 수 없다. 《심청전》은 블루마인드가 우리의 삶과 운명을 개척한다는 것을 보여주는 이야기인 것이다.

심청은 블루마인드 상태에 도달하여 레드마인드에 머문 심 봉사를 구원한다. 뿐만 아니라 그녀 자신도 그 대가를 받는다. 바로 왕후가 된 것이다. 심청의 효심에 감동한 임금은 심청을 아내로 삼은 것은 물론이요, 온 나라 백성에게 좋은 귀감으로 삼도록 했다. 결국 주변의 레드마인드형 인물을 구하는 것은 블루마인드형 인물 한 사람이라는 점을, 이야기에서 강조하고 있다.

만약 당신도 심청이처럼 블루마인드의 소유자라면 어떻게 될까? 당신 덕분에 주변의 모든 사람들이 긍정 에너지의 영향권에 속하게 된다. 가족이나 친구, 당신이 속한 조직 등 당신 주변의 모든 사람이 긍정 에너지의 영향력 안에 들어오는 것이다. 이른바 긍정 에너지의 장이 형성되는 것이다.

한 사람으로 인해 긍정 에너지의 장이 형성되면 그 영향권에 속한 사람들도 물들어가듯 차차 같은 에너지를 갖게 된다. 이렇게 모여 형성된 거대한 에너지 장은 서로 협력하며 지속적인 변화의 흐름을 주도한다. 이는 외부의 결과에 영향을 미치는 강력한 무기가 된다. 이를 '긍정 효과', 즉 '블루마인드 효과'라 한다.

빛은 모이면 모일수록 더 밝고 환해진다. 블루마인드도 마찬가지다. 블루마인드를 가진 사람이 모이면 모일수록 그 영역은 더 넓어지고 효과는 더욱 강력해진다.

그래서 자신을 블루마인드로 변화시키면 자신이 행복할 뿐만 아니라 주변 사람들에게도 행복을 퍼뜨릴 수 있다.

절대 긍정마인드
"Yes!"를 외쳐라

변화는 어려운 것이 아니다. 조금만 시선을 돌리면 그곳에 변화의 실마리가 있다. 밖으로 향하던 시선을 자신에게로 돌리면 변화의 실마리가 보이기 시작하는 것이다.

늘 우리는 외부에서 문제가 해결되길 바란다. '남들은 왜 그럴까? 왜 내 마음을 몰라주는 걸까?' 혹은 '상황이 조금 달라지면 좋을 텐데……'와 같이 갈등의 원인을 다른 데서 찾는 경우가 많다. 그래서 '네가 바뀐다면' 또는 '상황이 달라진다면 그때' 처럼 조건을 달아 자신의 문제를 해결하려 든다. 그렇지만 달라지는 것은 아무것도 없고 갈등은 계속 반복된다.

이렇게 외부의 변화만 바라는 마음을 이제는 바꿔야 한다. 조금만 시선을 돌리면 결국 갈등을 겪는 것은 자기 자신이라는 것을 알 수 있다. 자신만 변화한다면 외부 상황은 자연히 바뀌는 법이다. 미국의 철학자이자 심리학자인 윌리엄 제임스(William James)는 이런 말을 했다.

> "우리 세대의 가장 위대한 발견은 한 인간이 태도를 바꿈으로써 자기 인생을 바꿀 수 있다는 사실이다."

즉 나의 변화가 곧 모든 변화의 시작인 셈이다. 내가 블루마인드 상태라면 주변 흐름도 자연스럽게 좋은 쪽으로 흘러간다. 이 단순한 마인드의 차이가 결국 내 인생을 바꾸는 결정적 역할을 하는 것이다.

그렇다면 어떻게 해야 블루마인드로 변화할 수 있을까?

무조건 변화만 외친다고 되는 것은 아니다. 블루마인드 상태가 되도록 스위치 역할을 하는 한마디가 있다. 우리에게 긍정의 힘을 붙어넣는 말! 바로 'Yes'다.

Yes를 외치는 순간 우리 몸은 힘을 얻는다. 자신감이 생기고 용기와 기쁨의 감정이 저절로 생겨난다. Yes는 절대 긍정의 신호이자 변화를 이루는 과정이다. 어떠한 순간에도 우리는 "Yes"라고 외칠 수 있는 열린 마음이 필요하다.

그동안 당신이 "No"를 많이 외쳤다면, 당신은 이미 그것의 포로가 되어 있을 것이다. 의심과 두려움, 저항의 관념들이 끈끈하게 엉겨 늘 불평과 짜증을 일으키는 감정들에 휩싸였을 것이다. 이러한 No의 관념을 희석시키는 것은 Yes의 주문밖에 없다.

강력하게 "Yes!"를 외치면 부정적인 관념이 서서히 변화하기 시작한다. 레드마인드의 부정적인 관념이 점차 그린마인드로 바뀌어가고, 이러한 긍정적인 마음가짐이 습관화되면 결국에는 블루마인드로 바뀌는 것이다. 그리고 이러한 마인드의 변화가 태도의 변화를 이끈다.

호킨스 박사는 "의식의 향상에서 가장 중요한 요소는 '기꺼이 하는 태도'"라 했다. 삶의 결과는 의지와 실천에서 비롯된다. 나의 성공과 행복을 불러오는 것은 오로지 Yes뿐이며, 우리는 Yes를 실천해야만 블루마인드의 효과를 누릴 수 있다.

칭찬하는 말을 들었을 때도, 상처 주는 말을 들었을 때도 망설임 없이 "Yes!"를 외칠 수 있어야 한다. 혹시나 상처 주는 말을 듣고 망설인다면 그린마인드의 상태에 머물고 만다. 무조건적인 수용과 행동만이 블루마인드를 만든다.

Yes는 의심을 넘고 두려움을 넘는다. 혹시나 주저하던 망설임도 사라지게 한다. 의심과 두려움, 망설임이 사라질 때 우리는 비로소 블루마인드에 들어서게 된다.

힘을 주는 말	힘을 빼는 말
당신이 최고야! 역시 당신밖에 없어 자넬 믿네 너만 보면 힘이 난다	그렇게밖에 못해! 할 줄 아는 게 뭐야! 차라리 내가 할게 차라리 네가 없으면 좋겠다

행복을 선택하는 마인드

이렇게 'Yes'라는 절대 긍정의 구호로 자신의 마음을 다스리고 훈련해야 한다. 절대 긍정의 구호가 마음속에 뿌리내려야 진정한 변화와 창조의 힘을 발휘할 수 있다. Change(변화)의 'g'를 'c'로 바꾸면 Chance(기회)가 되듯이 변화 속에는 반드시 또 다른 기회가 숨어 있다. 그 기회를 발견하여 일상을 행복으로 바꾸는 기적을 절대 놓치지 않길 바란다.

'느림'이 아닌 '멈춤'을 두려워하라

어느 날, 두 선수의 세기의 경주가 시작됐다. 한 선수는 여유만만한 모습의 토끼고, 또 한 선수는 느림의 대명사 거북이였다. 자신감이 넘쳐 보이는 토끼는 역시나 빠른 스퍼트를 자랑하며 목표를 향해 달렸고, 거북이는 자신의 별명답게 느릿느릿했다. 그러나 결과는 거북이 승! 최고의 반전을 선보이며 경기는 충격 속에 끝이 난다.

모두 아는 이솝우화의 '토끼와 거북이' 이야기다. 이 이야기는 우리에게 게으름을 경계하고 거북이처럼 끈기와 성실한 태도로 인생을 살아가라는 교훈을 준다. 더 깊이 파고들면 토기와 거북이는 의식 성장의 한 단면을 보여주는 예이기도 하다.

거북이가 토끼에게 달리기 시합을 제의했을 때 거북이는 어떤 태도를 보였는가? 제 주제도 모르고 당당했다. 토끼 입장에서는 기가 찼을 것이다. 하지만 거북이는 정말 자신을 몰랐기에 그처럼 당당했던 것일까?

그렇지 않다. 거북이는 자신이 엄청 느리다는 걸 잘 알았다. 그럼에도 거북이가 당당할 수 있었던 건 No의 마인드가 아니라 Yes의 마인드를 가지고 있었던 덕분이다. 즉 자신이 경기를 지배하고 승리할 것이라고 확신한 것이다.

아마 거북이가 다른 동물에게 토끼와 경주를 한다고 말했다면, 대부분 "너는 무리한 내기를 한 거야. 분명 네가 경주에서 질 것이 분명해!"라거나 "망신당하지 말고 알아서 포기해!"라고 부정적인

우리가 거북이에게 배워야 할 것은 Yes의 블루마인드다.

반응을 보였을 것이다. 그럼에도 블루마인드의 소유자인 거북이는 자신이 승리하리라는 확신을 품고 경주에 임했을 것이다. 거북이는 블루마인드의 절대적인 힘을 이미 깨달았던 것이다.

블루마인드 상태에서는 이완, 집중, 몰입이 저절로 된다. 거북이는 경쟁에서 이길 수밖에 없는 전략으로 경기에 임했다. 즉 승리 후에 Yes를 외치는 것이 아니라 미리 자신에게 Yes를 외치는, Yes의 전략으로 경기에 임한 것이다. 다시 말해 경주 제의를 하기 전에 이미 '내가 이긴다' 는 확신을 가지고 자기 페이스에 몰입한 것이다.

'천천히 가되 쉬거나 멈추지 않을 것!'

거북이는 자기 자신에게 이기는 전략을 세웠다. 타고난 인내심과 지구력을 바탕으로 주변 상황에 흔들리지 않는 주관이 있었다. 경쟁 상대인 토끼에 비해 잘 지치지 않는 자신의 장점을 살려 경기를 지배해갔다. 덕분에 그의 예상대로 경기는 거북이의 승리로 끝날 수 있었다.

결승점에 도달하는 것은 결국 '거북이형 인간' 이다

여기서 우리가 거북이에게 배워야 할 것은, Yes의 블루마인드를 의심하지 않고 쉼 없이 전진한 점이다. 어떤 고난과 역경에서도 Yes를 멈추지 않아야 우리는 뜻하는 결과를 얻을 수 있다.

토끼와 거북이는 시합에 임하는 자세부터 달랐다. 토끼는 오직 시합의 승패에만 관심을 쏟았고, 자신을 과신하며 상대를 얕잡아봤다. 반면 거북이는 먼저 토끼에게 시합을 제의할 만큼 확실한 신념이 있었으며 긍정적인 마인드로 경주를 받아들였다. 그리고 시합의 승패를 떠나 자신의 목표에만 집중했다. 이러한 태도의 차이가 경주의 결과를 가른 것이다.

우리의 인생도 마찬가지다. 레드마인드로 외적인 관념에 사로잡히면 결국 원하는 행복을 얻을 수 없다. 비록 답답하고 우둔해 보일지라도 거북이처럼 블루마인드를 가지고 자신의 걸음에 몰입한다면 인생의 달콤한 승리를 쟁취할 수 있다.

때론 거북이도 토끼처럼 쉬고 싶었을지 모른다. 어쩌면 자신보다 빠르게 달음질치던 토끼에게 위축되어 경기를 포기하고 싶은 갈등도 겪었을지 모른다. 어떤 일에는 늘 유혹의 순간이 존재하게 마련이니까. 그럼에도 멈추지 않았기에 거북이는 우리에게 승리의 아이콘이 된 것이다.

우리의 인생에서도 지금은 고통스러운 상황이더라도 Yes를 멈추지 않는 전략과 전술이 필요하다.

"나는 내 삶이 주는 풍요로움을 충분히 누릴 것이라는 것을 확신한다. Yes!"
"취직이 되었다. Yes!"
"사랑하는 사람이 생겼다. Yes!"

습관처럼 Yes 구호를 외치자. 하루하루 연습하다 보면 어느 순간 자신의 신념이 확고해지고 현실이 되었음을 확인할 수 있다.

자신의 꿈과 목표를 한순간에 이룰 수 없듯이 의식의 성장도 어느 순간 별안간 완성할 수는 없는 법이다. 우리에겐 참고 기다리며 자신에게 집중하는 시간이 무엇보다 중요하다. 그러한 시간이 우리를 성장, 발전, 변화시킨다. 멈추지만 않는다면 어느 순간, 절대 긍정의 아이콘이 된 자신을 발견하게 될 것이다.

나의 긍정지수 확인표

다음 문항을 읽고 해당 사항에 맞는 숫자를 체크한다.

❶ 전혀 그렇지 않다 ❷ 그렇지 않다 ❸ 보통이다 ❹ 조금 그렇다 ❺ 매우 그렇다	❶	❷	❸	❹	❺
1. 나는 다른 사람들과 감정적으로 잘 부딪치는 편이다.					
2. 나는 긍정적인 사람이다.					
3. 마음에 드는 이성에게 고백을 했다가 거절당했다. 　 나는 그날 너무도 비참한 생각이 들었다.					
4. 나는 TV를 자주 시청한다(하루 1시간 기준).					
5. 친구가 내 집에 있는 비싼 커피 잔을 깨트렸다. 　 고의가 아니므로 그냥 넘어간다.					
6. 나는 미래를 생각하면 불안하고 우울하다.					
7. 내 현재 모습에 만족한다.					
8. 일이 생각대로 잘되지 않으면 자책할 때가 많다.					
9. 누군가와 다투면 내가 먼저 사과하고 싶지만 그렇게 　 하지 못할 때가 많다.					
10. 성공 가능성이 떨어지는 프로젝트도 포기하지 않고 　 끝까지 도전한다.					
11. 나는 매일 30분 이상 운동한다.					
12. 나는 다시 태어나도 아무것도 바꾸지 않겠다.					
13. 나는 기분이 나쁘면 욕을 하는 편이다.					
14. 나는 다른 사람의 성공을 마음속으로 축하하지 않는다.					
15. 금연이나 다이어트처럼 한번 세운 목표는 반드시 　 실행하는 편이다.					
16. 학교 동창들이 나만 빼고 모임을 가졌다. 　 이럴 때는 기분이 나빠서 내 감정을 직접 이야기한다.					
17. 나는 감정을 잘 표현하지 못하는 편이다.					

18. 나는 적극적이지 않은 편이다.				
19. 오랫동안 우리 팀이 진행해온 프로젝트가 실패로 돌 아갔다. 내가 노력을 게을리한 탓이라고 생각한다.				
20. 나는 행복한 사람이다.				

※ 마틴 셀리그만의 '긍정 심리학' 이론을 참조하여 새로 설문지를 작성함.

● 채점 방법 : 아래처럼 각 문항별로 점수를 더한 다음 뺀 나머지 값이 긍정

지수다.

긍정지수 = 문항(2, 5, 7, 10, 11, 12, 15, 16, 19, 20) − 문항(1, 3, 4 ,6, 8,

9, 13, 14, 17, 18)

최고점 +40, 최하점 −40

마이너스 점수 : 레드마인드

0~20점 : 그린마인드

21점 이상 : 블루마인드

비전은 내 꿈을 이룰 방법을 찾고

삶의 궤도를 수정할 수 있도록 이끌어주는 도구다.

비전이 있어야만 우리는 내 인생의 주인공으로

역할을 다할 수 있다.

블루마인드에 비전을 더하라

현재 자신의 미래를 확인하라

지금까지 블루마인드에 대해 이야기했다. 이제는 블루마인드를 어떻게 실천하고 성과를 낼 것인지 알아야 한다. 그러기 위해서는 먼저 행복한 삶을 위해 무엇을 준비해야 하는지 차근히 짚어갈 필요가 있다.

우리가 행복한 삶을 동경하는 근본적인 이유는 무엇일까?

그것은 행복에 대한 결핍 때문일 것이다. 요즘 현대인의 예비적 병명 중에 '행복결핍증후군'이 있다고 한다. 현재 자신이 행복하다고 생각하지 못하는 것을 일컫는 말로, 행복이란 과연 무엇인지 그 개념을 확립하지 못한 채 마냥 추상적인 행복만을 바라는 탓에 생겨난 신조어다. 행복에 대한 잘못된 인식으로 말미암아 우리는 눈앞의 행복도 못 본 채 결국 행복결핍증후군이라는 병명을 만든 셈이다. 이러한 문제는 우리의 내면에서 비롯된 것이다. 그래서 이 문제를 풀려면 바로 지금 이 순간, 나는 왜 행복을 느끼지 못하는지 스스로에게 질문하고 되새겨볼 필요가 있다.

현재를 재조명해보지 않고서는 더 나은 미래로 나아갈 수 없다. 첫 단추를 잘 꿰어야 마무리를 잘할 수 있듯 '현재'라는 시작이 제대로 채워져야 '미래'도 멋진 모습으로 다가올 것이다. '현재 내가 어떤 모습으로 살고 있는지'를 검토하고 미래를 확인하는 것은 반드시 필요한 일이다. 그래서 우리는 자기 자신과 진솔한 대화를 나누며 현재의 자신을 냉정하게 평가하는 시간을 가져보아야 한다. 그래야 비로소 제대로 된 행복으로 떠나는 여행을 시작할 수 있다.

자기 내면과 진솔하게 대화하자

현재 자신의 상태를 판단할 때는 지금의 모습을 있는 그대로 이야기해야 한다. 그래야만 내가 부족한 점이 무엇인지 앞으로 고쳐나가야 할 점이 어떤 것인지 면밀히 판단할 수 있다. 이 점을 유념하며 다음 문항에 진솔하게 답해보자.

1. 나는 매사에 긍정적으로 생각하는가?

2. 나는 주어진 현실에 얼마나 감사해하는가?

3. 나는 현재의 일이나 삶에 집중하고 만족하는가?

4. 나는 미래에 대한 꿈이 있는가?

5. 나는 내 꿈을 위해서 어떤 노력을 기울이고 있는가?

6. 나는 스스로 행복한 환경을 만들 수 있다고 자신하는가?

7. 나는 행복해지기 위해 적극적으로 변화를 시도하는가?

8. 나는 불행이나 실패를 통해서도 무언가를 배울 수 있다고 생각하는가?

9. 나는 항상 누군가에게 존중과 배려, 사랑받고 있다고 느끼는가?

이러한 질문은 내가 자신을 긍정적으로 바라보고 있는지 가늠하게 해준다. 자신을 긍정적으로 바라보는 사람은 현재 자신의 삶에 만족도가 높다. 실제로 기업교육을 진행하며 얻은 결론은 이를 뒷받침해준다.

사실 그동안 나는 개인 상담과 기업교육을 진행하면서 한 가지 의문점이 있었다. 그것은 '어떻게 교육을 진행해야만 많은 사람들에게 긍정적인 영향을 미치고 또 그 효과가 오래 지속될까?' 하는 것이었다. 하지만 일관된 답을 찾기란 어려웠다. 똑같은 교육을 받더라도 바뀌는 사람이 있는 반면에 그렇지 않은 사람도 있었기 때문이다. 그래서 나는 또 새로운 의문을 품지 않을 수 없었다.

'과정이 같은데 결과는 왜 다르게 나타나는 걸까? 바뀌는 사람과 바뀌지 않는 사람들로 나뉜다면 과연 바뀌는 사람들에게는 어떤 특징이 있는 걸까?'

이 의문을 풀기 위해 오랜 시간 그들을 관찰하고 그 결과를 자료화하는 데 집중했다. 그 덕분에 나는 그들에게서 한 가지 공통점을 발견할 수 있었다. 그것은 바로 그들 모두 긍정적 반응을 하는 사람들이라는 점이었다. 그들은 모두 자신을 긍정적으로 바라보고 주변 상황을 긍정적으로 풀이하며 적극성을 지닌 인물이었다. 뿐만 아니라 그들의 사회적 지위에서도 흥미로운 공통점을 찾을 수 있었다.

긍정적인 반응, 긍정적인 변화를 보이는 사람들의 특징

기업교육 시 긍정적인 반응을 보이는 사람들은 다음과 같은 특징이 있다.

첫째, 직급이 높다.
둘째, 앞쪽에 앉는다.
셋째, 교육에 대한 몰입도가 높다.

대기업에 취업하기도 힘들지만 그곳에서 치열한 경쟁을 이겨내고 임원으로 승진하는 사람들의 비율은 고작 1%도 되지 않는다. 수백 대 일의 경쟁을 뚫고 승진하기 위해서는 남다른 능력뿐만 아니라 끊임없는 자기관리가 필요했을 것이다. 그렇다면 이들이 남들보다 앞설 수 있었던 비결은 무엇일까?

한 여론조사 기관에서 시행한 연구 결과에 따르면 직급이 높을수록 상대방을 잘 이해하고 감정을 공감하는 능력이 뛰어나다고 한다. 뿐만 아니라 한곳에 훨씬 집중을 잘하고 쉽게 포기하지 않는 정신력이 남다르다고 했다. 이러한 연구 결과는 상대방을 이해하는 마음과 수용 능력, 배려심, 집중력, 인내력 등이 많은 블루마인드형 인물이 상대적으로 높은 사회적 지위를 차지한다는 것을 보여준다. 즉 긍정적인 사람이 그렇지 못한 사람들에 비해 사회적 기회가 많고, 그만큼 삶의 만족도도 높을 수밖에 없다는 것이다.

그도 그럴 것이 긍정적인 사람들은 시간을 헛되이 낭비하지 않는다. 교육 현장에서도 그들은 대단한 열의를 보인다. 강사에게 뭐라도 하나 더 배우려고 눈빛을 반짝인다. 그러니 앞쪽에 앉는 것은 물론이요, 집중하며 진지하게 교육에 임하는 것이 당연하다. 이것이 그들이 지금껏 살아온, 그리고 현재 살아가고 있는 삶의 태도다. 그러니 달리 무엇을 하지 않아도 그들의 사회적 지위는 으레 따라올 수밖에 없는 자연스러운 결과물이라 할 수 있다.

한 조직에 매사 긍정적인 A직원과 늘 불평불만을 늘어놓는 B직원이 있었다. 야근을 해도 A는 자신과 팀의 프로젝트를 성공시키기 위해 성실하게 임했다. 밤늦도록 자료를 찾아가며 참신하고 수준 높은 프로젝트를 완성했다. 하지만 B의 태도는 전혀 달랐다. 그는 업무 시간 외의 야근은 비생산적인 일이라며 투덜대기에 바빴고 형식적인 자료 찾기만 하다가 금세 잡담과 개인 취미로 야근 시간을 때우기 일쑤였다. 심지어 열심히 일하는 A를 한심해하며 비꼬듯 말하기도 했다.

"적당히 해라! 그렇게 야근해가며 열심히 일한다고 누가 알아줘? 그냥 흉내만 내다 수당만 받으면 그만이야. 업무 시간에나 잘하면 되지."

B는 요령껏 살라며 A에게 충고까지 했다. 그렇게 A와 B는 회사 생활을 이어갔다. 그리고 5년 후, 두 사람의 모습은 어떻게 달라졌을까? 굳이 얘기하지 않아도 짐작할 수 있는 일이다. A는 타 회사에서도 스카우트 제의가 들어올 만큼 유능한 인재로 성장했고 당연히 회사 내 입지도 커져 빠르게 승진하며 승승장구했다.

반면 B는 여전히 만년 대리 꼬리표를 떼지 못했다. 한 가지 태도를 보면 전부를 안다 하지 않던가. 태도가 불성실한 B가 좋은 평가를 받을 리 없었다. B처럼 부정적이고 불만족스러운 태도로 살아간다면 미래 역시 불행해지기 쉽다. 현재 상황의 원인은 과거며, 미래 상황의 원인은 현재기 때문이다.

미래를 바꾸고 싶다면
현재를 바꿔라!

불행한 미래를 꿈꾸는 이는 아무도 없다. 기대하는 미래는 언제나 찬란한 봄날일 것이다. 하지만 막연한 상상과 기대만으로 행복한 미래를 만들 수 있는 것은 아니다. 오히려 미래에 대한 낭만적인 환상이 현재를 불행하게 만드는 요인이 될 수도 있다.

내가 상담한 한 직장 여성은 "내 처지가 한심하다"는 말을 종종 했다. 그렇게 생각하는 이유를 물으면 "스무 살 때 생각한 나는 지금의 모습의 아니었어요"라고 대답했다. 그녀의 말에 따르면 자신은 '서른이면 직장에서 자신의 위치가 확고해지고 좋은 남자를 만나 결혼하며, 서른 중후반에는 일과 가정에서 모두 성공한 커리어 우먼이 되어 있을 거야'라고 생각했다고 한다. 그런데 지금의 그녀는 꿈꾸던 바를 어느 것 하나 이루지 못한 신세였다. 제대로 된 직장에 안주하기는커녕 서른 중반의 나이에도 계약직을 전전했고, 결혼도 기약이 없는 상태였다. 자신의 핑크빛 미래에 비해 현실은 초라하기 그지없었던 것이다. 그래서 그녀는 지금의 자신이 불행하다고 느꼈다.

그녀는 왜 지금껏 자신의 바람대로 미래를 만들지 못했을까? 이치는 간단하다. 핑크빛 미래에 도취되어 현재에 집중하지 못한 탓이다. 현재 자신의 모습을 제대로 바라보지 못하고 미래에 대한 막연한 환상만 품은 채 시간을 보냈다. 그러다 보니 커리어는 생각처럼 쌓이지 않고, 나이까지 들면서 남자 만날 기회도 사라져 조바심이 난 것이다. 그녀는 예전에도 그랬던 것처럼 지금도 현재 자신의 처지에 불만을 품고 있었다. 이렇게 레드마인드의 시간을 지내다 보니 어느새 현재가 되어버린 미래도 전혀 바뀌지 않았다.

만약에 누군가 그녀처럼 비현실적인 장밋빛 미래를 꿈꾼다면, 나는 "비현실적인 미래를 꿈꾸는 건 아무런 도움이 되지 않습니다. 현실적이고 구체적인 미래를 그려보세요"라고 말해주고 싶다.

구체성이 없는 미래는 망상에 불과하다. 망상에 자신을 소모하기보다는 현실적이고 실질적인 방법을 택하는 것이 바람직하다. 바로 자신이 무엇인가를 할 수 있는 지금 말이다.

미래는 현재의 삶 없이는 존재하지 않는다. 그래서 마냥 미래를 동경하기보다는 지금 이 순간에 집중하여 비전을 만들어가는 것이 현명하다. 즉 현재 자신의 사고방식을 바꾸면 그 방식대로 미래는 자연히 따라오게 되어 있다.

권투 역사상 가장 위대한 선수였던 무하마드 알리는 이런 말을 했다.

"쉰 살이 되었을 때도 스무 살 때와 똑같이 세상을 바라본다면 그는 30년 동안 인생을 헛산 것이다."

지금 이 순간 마음가짐을 제대로 준비하지 못한다면 우리는 결코 발전적인 미래를 맞이할 수 없다. 그래서 나는 네 가지 마음가짐을 강조하고 싶다.

● 미래를 바꾸는 자기 변화

첫째, 미래 지향적이기보다 현재 지향적인 마인드로 바꾸자!

둘째, 긍정적인 시각으로 바라보자!

셋째, 구체적이고 현실적인 비전을 세우자!

넷째, 계획을 실행으로 옮길 수 있는 인내력과 결단력을 키우자!

이러한 기본적인 마음자세를 갖춰야 행복한 미래를 맞이할 수 있다. 행복도, 성공도, 행운도 이유 없이 별안간 찾아오는 법은 없다. 랭스턴 콜먼(Langston Coleman)은 "행운은 100% 노력한 뒤에 남는 것이다"라고 말했다. 이처럼 행복이라는 것은 긍정적인 마인드를 가지고 자신이 노력한 만큼 얻는 것이다. 그러니 현재에 집중하고 자신이 행복할 수 있도록 노력해야 할 것이다.

행복은 내가 '인생의 주인'일 때 찾아온다

"**나**는 내 인생의 주인공입니다. 아무도 내 인생을 대신 살아주지 않습니다. 내가 하는 행동, 내가 하는 말, 내가 하는 생각은 나의 미래가 됩니다. 지금 이 순간 내가 맡은 그 일을 피하지 않고 어려워하지 않고 능히 해낼 때 나는 행복으로 갑니다."

동국대 정각원의 마가 스님께서 하신 말씀이다. 스님의 말씀처럼 우리 모두는 자기 인생의 주인공이 되어야 한다. 개개인에게 완벽하게 '내 것'으로 주어지는 것은 오직 자신의 삶밖에 없다. 누군가 나 대신 살아줄 수 없고, 누구도 나 대신 삶의 방향을 결정 내리지 못한다. 자기 인생은 오로지 '나의 선택과 책임'에 따라 흘러간다.

그래서 여간 다행스러운 일이 아닐 수 없다. 내 의지대로 인생을 바꿀 수 있다는 건 얼마나 큰 행운인가! 우리는 처음부터 각자 자신의 삶을 해피엔딩으로 만들 수 있는 힘을 타고난 것이다. 지금까지는 다만 올바른 방법을 몰랐을 뿐이다.

과연 나는 어떤 위치에서 나의 삶을 살아가는 것일까? 가령, 내 인생의 주인공이 되는 길에 '자기 자신이 걸림돌인지 혹은 주춧돌인지'를 알아야 한다. 다시 말해 자신의 마인드가 내 삶의 중심으로 사는 데 방해물이 되는지, 도움이 되는지를 판별해야 한다.

만약 내가 내 삶의 중심으로 사는 데 긍정적인 힘을 보태준다면 그대로 살면 된다. 하지만 다른 사람의 시선이나 주위 환경 등 외부를 의식하고 의존하는 성향이라면 결코 내 인생의 주인공이라 할 수 없다. 그런 사람은 언제나 외부만 의식하며 자신을 불만족스러운 상태로 내몰기에 만족과 행복을 느끼기 힘들다.

따라서 평생 자신을 불행이란 그림자에 가둬두지 않으려면 변해야 한다. 다른 사람이나 주위 환경에 끌려가는 인생이 아닌 자신이 주도하는 삶으로 바꿔야 한다. 즉 지금껏 가정과 직장 그리고 사회에서 주변인으로 살아왔다면 이제부터는 자신이 이끌어 가는 삶으로 인생 궤도를 수정해야 한다. 자신이 주도하는 삶을 살아야만 자신이 원하는 바를 이룰 수 있기 때문이다.

내 인생의 주인공이 되게 하는 비법
'비전'

그렇다면 자신이 주도하는 삶을 살려면 어떻게 해야 할까?

방법을 알면 오히려 시시해 보일지도 모를 일이다. 지금까지 익히 듣고 한번쯤은 해봄 직한 방법이니까 말이다. 그것은 바로 자신의 꿈을 스케치하는 일, 즉 삶의 비전을 세우는 일이다.

비전은 내 꿈을 이룰 방법을 찾고 삶의 궤도를 수정할 수 있도록 이끌어주는 도구다. 비전이 있어야만 우리는 내 인생의 주인공으로 역할을 다할 수 있다. 비전을 세우는 일이 아무것도 아닌 것처럼 보여도, 지금까지 자신의 삶을 개척한 사람들은 한목소리로 비전의 중요성을 외치고 있다.

방송 인터뷰에서 가수 인순이 씨는 "모든 공연자들의 꿈의 무대라 하는 뉴욕 카네기홀에 어떻게 두 번이나 설 수 있었느냐?"라는 리포터의 질문에 아주 간략하게 답했다.

> "꿈은 꾸는 자에게만 이루어집니다."

우리나라 최고의 디바로 인정받는 가수 인순이 씨는 음악을 하는 사람이라면 누구나 한번쯤 꼭 서보고 싶어 하는 카네기홀에 서고야 말겠다는 자신만의 비전을 오랜 세월 간직했다. 그리고 혼혈이기에 받아야 했던 사회적 편견을 이겨내며 그 꿈의 무대를 향해 묵묵히 자신만의 길을 걸었다. 그리하여 결국 1999년과 2010년 두 차례나 카네기홀에 서는 영광을 누릴 수 있었다.

또 한 명의 방송인 유재석 씨도 마찬가지다. 카메라 울렁증이라는 방송인으로서는 치명적인 결점이 있었지만 그는 '국민 MC'로서 1인자의 자리에 우뚝 설 수 있었다. 이처럼 자신의 결점을 극복하고 방송인으로 성공할 수 있었던 원동력도 그만의 비전에서 찾을 수 있다.

> "개그맨으로서 입지를 다진 동료들을 보며 부러워하기보다 매일같이 기도했습니다. '딱 한 번만 무대에 설 기회를 주신다면 진짜 변하지 않고 꾸준히 노력하며 겸손해지겠습니다. 만약 저 혼자의 노력으로 되었다고 자만하면 제가 가진 것을 모두 거두어주십시오!' 라고."

10년을 무명으로 보내면서도 그는 개그맨이 되겠다는 비전을 지켜냈다. 그러한 비전이 있었기에 시련을 겪으면서도 포기하지 않고 버텨낼 수 있었다.

> "안 된다 하지 말고 아니라 하지 말고 긍정적으로! 말하는 대로 언젠간 이루어집니다."

　이러한 비전과 긍정적 마인드가 시너지 작용을 하여 결국 자신이 원하는 삶을 살아가게 된 것이다. 따라서 우리는 결코 비전을 가볍게 여겨서는 안 된다. 진부해 보여도 비전을 가지는 것이 나를 내 인생의 주인공으로 만드는 최고의 비법이다.

　파스칼은 "비전은 현명한 도박이다. 얻을 때는 모든 것을 얻을 것이고, 잃을 때는 하나도 잃을 것이 없다. 그러므로 주저하지 말고 비전을 믿어라"라고 말했다. 사람이 모든 길을 갈 수는 없다. 그러므로 하나의 비전을 세우고 그것을 향해 나아가는 것이 현명하지 않을까.

당신은 비전이 있는가?

2010년, 월간지 〈HRD〉에 서울대학교에서 실시한 흥미로운 연구가 실렸다. 이 연구의 목적은 평균 학점이 4.0 이상인 최우수 학생들과 2.0 언저리인 보통 학생들의 차이점이 무엇인지를 밝혀, 학생들이 학업에 충실하도록 도움을 주고자 하는 데 있었다.

이를 위해 서울대학교 학부생들에게 전체 150문항의 설문을 작성하도록 했다. 여기에는 학습 방법은 물론 개인적인 특성, 사회적인 특성, 교우관계 등을 묻는 질문과 얼마나 자주 시각화를 하는지를 묻는 문항도 포함되어 있었다. 연구자들은 이 자료를 분석하여 한 가지 놀라운 사실을 알아냈다.

연구 결과, 다른 문항들에 대한 답변은 우수 학생과 보통 학생 모두 별 차이가 없었다. 그러나 한 가지 문항에 대해서는 두 그룹의 답변이 너무나 분명한 차이를 보였다. 그것은 바로 "당신은 지금부터 2~3년 이내에 이루고자 하는 바가 있는가?"라는 문항이었다.

답변은 극명하게 엇갈렸다. 보통의 학생들은 "아직 없다, 글쎄요, 모르겠다" 등의 유보적인 답변을 한 반면에 우수 학생들은 "군대 제대 후 복학·토플 준비, ○○기업 취업, 대학원 진학, 책 100권 읽기" 등의 구체적인 답변을 내놓은 것이다. 즉 목표와 비전이 있는지가 두 그룹의 차이점으로 나타난 것이다. 우수 학생들은 2~3년이라는 짧은 기간에도 자신만의 비전을 세워두고 있었다. 이 연구 결과만을 놓고 본다면 장래의 비전이 무엇이건 간에 그것이 있느냐 없느냐가 우수 학생과 보통 학생을 구분하는 중요한 차이점이 되었다고 해석할 수 있다.

물론 이것만으로 목표와 비전이 가져오는 결과를 일반화하기에는 성급한 면이 있다. 하지만 이 연구가 우리에게 시사하는 바는 적지 않다. 우수 학생들은 무언가 가까운 장래에 있을 일에 대한 기대가 있었고 보통의 학생들은 그것이 없었다. 이는 '우리의 현재가 분명한 비전에 의해 좌우될 수도 있다' 는 것을 암시한다.

이는 비단 학생에게만 해당되는 것이 아니다. 비전과 목표는 한 사람은 물론 한 기업, 사회, 국가의 성취 수준을 좌우하는 중요한 요인이 된다. 그렇기에 우리는 먼저 비전을 설정해야만 한다. 그런 다음에 비전을 성취해낼 방법을 고안하고 실행하는 단계에 들어가야 한다. 이 순서를 거꾸로 하는 것은 바람직하지 않으며 원하는 바를 이루기도 힘들다. 그래서 무엇보다 우리가 점검해봐야 할 것은 '나에게 비전이 있는가?' 하는 점이다.

'청소년 시절 나의 비전이 무엇이었나?' '직장에 입사할 때 어떤 비전을 가지고 직장생활을 시작했는가?' '지금 어떤 비전을 품고 회사를 다니고 있는가?' '나의 비전에 맞게 살아가고 있는가?' '혹시 남의 비전에 맞춰 살아온 것은 아닌가?' '아니면 다른 이들과 함께 비전을 만들어 같이 이루고 나누면서 살아온 것인가?' 등을 스스로에게 물어보자. 그리고 그동안 제대로 된 비전과 목표가 없었다면 이제라도 나만의 비전을 만들도록 하자. 비전을 설정하고 나를 바꿔갈 때 우리는 내 인생의 진정한 주인이 될 수 있다.

마음 성형으로
미래를 움직여라

현대인들 가운데 대다수는 비슷비슷한 삶을 살아간다. 그런데 많은 이들이 다른 사람들과 별다를 바 없는 삶을 살아가면서도 자신이 다른 사람들보다 더 나은 삶을 살길 원한다. 이는 그저 요행을 바라는 것이나 다름없는 일로, 이런 사람들에게는 성형이 절실히 필요하다.

여기서 말하는 성형은 외면이 아닌 내면을 새롭게 가꿔 자신을 탈바꿈하는 것을 의미한다. 즉 긍정적인 미래를 성취할 수 있게끔 '나'를 효율적으로 만드는 것이다.

그렇게 하려면 비전이 필요하다. 비전이 있다면 우리는 변화의 당위성과 필요성을 느끼고 점차 자기의식을 발전시켜갈 수 있다. 비전이 있는 사람들은 쉽게 포기하거나 좌절하지 않는다. 비전이야말로 열정과 도전정신을 불러일으키는 원동력이며, 나를 가치 있는 사람으로 만드는 비결인 것이다.

반대로 비전이 없는 사람들은 어떨까? 그들은 변명에 익숙하다. 무엇인가를 하려고 하다가도 '바빠서 시간이 없었다'거나 '뭐, 안 해도 그만이지' 같은 자기합리화로 쉽게 포기하고 외면한다. 또한 바라는 대로 되지 않으면 깊은 좌절감을 느낀다. 그래서 항상 현재의 모습을 유지하려고 하며 익숙한 삶에서 결코 벗어나지 못한다.

● 마음 성형이 필요한 사람의 유형

1. 현재의 삶에 대한 막연한 고민을 많이 하고 의미 없는 하루를 보낸다.

2. 결정하길 주저하고 행동하지 않고 생각만 하며 시간을 소모한다. 다른 직장이나 직업을 선택하고 싶어도 행동하지 못하고 적당히 현실에 안주하려고 한다.

3. 미래 자체를 생각하지 않거나 터무니없고 두루뭉술한 미래를 상상한다. 예를 들면 빌딩 소유주로 임대료를 받으며 편안하

게 사는 삶이나 세계 일주를 하며 여유롭게 사는 삶을 꿈꾼다.

4. 적당히 타협하고 게으르다. 열정과 도전정신이 없다.

5. 자신의 문제점을 알고도 그냥 방치해둔다.

6. 돈만 있으면 현재 자신이 안고 있는 문제들을 모두 해결할 수 있다고 여긴다. 재력이 곧 비전이라 생각한다.

7. 요행을 바란다. 로또, 주식 투자, 투기, 도박 등으로 노력 없이 안정적인 삶을 누리고자 한다.

8. 어떤 일을 하든 누군가의 도움을 기대하고 주변의 눈치를 본다.

이처럼 마음 성형이 필요한 사람들에게 무작정 "너를 바꿔라"라고 말하는 건 의미가 없다. 아마 누구보다도 그들은 자신의 문제를 알고 자신을 바꾸고 싶은 마음이 간절할 것이다. 다만 여태껏 그러지 못한 까닭은 '해야 하는 이유와 하게 만드는 힘'이 부족했던 탓이다.

이런 사람들에게 나는 "'내가 문제' 라고 낙담하지도 말고 문제점으로 자신을 보지 말라"고 이야기하고 싶다. 자신의 문제를 들춰내 그것만 바꾸려고 노력한다면 문제는 자신에게 더욱 큰 골칫거리로 남게 마련이다. 괜히 긁어 부스럼 만드는 것보다는 미래에 원하는 삶을 구체적이고 선명하게 만드는 게 현명한 해결 방안이다.

미래의 비전을 구체적이고 선명하게 만들수록 현재 자신의 문제에 얽매이지 않게 된다. 그러다 보면 비전은 점차 영역을 넓혀 자신

의 내면에 깊이 각인되고, 걸림돌로 생각했던 문제는 어느새 작아
져 내면에서 잊힌다. 그때 비로소 비전은 구체적인 행동을 이끌게
되고, 그럼으로써 비전을 이룰 가능성이 커지는 것이다. 이것이 마
음 성형을 완성하는 방법이다.

그러므로 지금 이 순간 다른 고민은 접어두고 자신의 비전을 생
각해보자. '오직 나에 의한, 나를 위한 삶'을 만들고 싶다면 그래야
한다. 인생의 성패는 비전에 달려 있기 때문이다.

비전을 구체적으로 수립하는 방법

비전은 우리에게 꿈과 희망을 불어넣음으로써 내면의 열정을 춤추게 한다. 또한 자신을 삶의 주인공이 되게 할 뿐만 아니라 사회의 주춧돌로 성장하게 한다. 비전만큼 훌륭한 삶의 지표는 없다. 비전은 개인의 삶을 성공으로 안내하는 일종의 '마음의 내비게이션'인 것이다.

비전을 잘 수립하고 행동으로 실천하면 목표에 다다르는 것은 시간문제일 뿐이다. 따라서 당신은 '자신의 미래에 대해 혹은 자신이 하는 일에 대해 얼마나 가슴 뛰는 비전을 수립하고 있는지' 곰곰이 되뇌어야 한다.

그동안 나는 수많은 교육생들에게 이 같은 질문을 빼놓지 않고 했다.

"당신의 비전은 무엇입니까?"

그들의 대답은 대동소이했다. 대다수가 '잘 사는 것', '부자가 되는 것', '승진하는 것', '세계여행을 떠나는 것', '집 사는 것' 같은 평범한 대답이었다. 나는 이러한 대답을 들을 때마다 사실 못내 아쉬웠다. 이는 비전이라 하기에는 모호했기 때문이다. 분명하고 구체적이지 않은 바람은 비전으로 삼기에 무리가 있다.

비전은 현실성이 있고, 실행 방법을 모색할 수 있는 목표여야 한다. 가령 '잘 사는 것'이 비전이라 답한 교육생을 예로 들어보자. 과연 잘 사는 것은 어떤 것인지 그 기준이 애매하다. 게다가 잘 살려면 현재 무엇을 해야 하는지 딱히 자세한 계획을 세울 수도 없다. 그렇기에 이는 실천 가능한 비전이라 할 수 없다.

비전이 구체적이어야 계획도 명확해지고 실천 의지도 강해진다. 따라서 비전을 올바르고 명확하게 수립하는 방법을 배우고 설정할 수 있어야 한다. 다음을 살펴보고 나는 현재 구체적인 비전을 세웠는지 확인해보도록 하자.

하나, 미션(Mission)이 있는가?

미션은 삶의 커다란 동기다. 미션은 내가 왜 최선을 다해 살아가야 하는지 동기를 부여한다. 미션이 있는 사람은 사회의 일원으로서 자신이 감당해야 할 역할과 의무감을 갖게 되는 것이다. 예컨대 미션에는 '사람들을 돕는 봉사자의 삶을 살고 싶다'거나 '과학 발전에 이바지하는 인물이 되고 싶다' 같은 인생의 취지가 담겨 있는 것이다. 그러므로 미션은 조금 추상적인 목적이라 할 수 있다.

잘사는 것이나 부자가 되는 것도 넓은 의미의 미션에 포함된다. 그렇지만 바람직한 미션이라고는 할 수 없다. 미션은 자신은 물론 전 인류에게 유익한 임무여야 한다. 따라서 단순히 잘사는 것보다는 '굶어 죽는 사람이 없는 잘사는 사회를 만들고 싶다'거나 '부자가 되어 불우이웃을 돕는 사람이 되겠다' 같은 뚜렷한 목적이 있어야 한다.

이렇게 미션을 가져야 하는 이유는, 미션이 자기 삶에 책임감을 갖게 하고 가치를 부여해주기 때문이다. 단순히 자신을 사회의 한 일원이라 생각하는 것과 어떤 일을 해내야 할 존재로 믿는 것에는 큰 차이가 있다. 미션을 갖는 순간 나의 삶은 특별해지고 소중해진다. 또한 그로 인해 열정과 투지도 생겨난다. 따라서 '나는 어떤 존재로 살았으면 하는지' 고민해보고 바람직한 미션을 만들어보도록 하자.

둘, 비전(Vision)이 있는가?

비전은 현실적인 내용으로 구성해야 한다. 미션이 추상적인 목적이라면, 비전은 그 미션을 이루는 구체적인 목표다. 미션대로 살아가기 위해 나는 어떤 목표를 세워야 하는지 가늠해보고 그중 무엇이 내가 하고픈 일인지 선택하여 결정하는 것이다.

예컨대 사람들을 돕는 삶을 사는 것이 미션이라면, 비전은 구체적으로 어떻게 사람들을 도울지에 관한 것이다. 봉사에는 다양한 방식이 있다. 종교인이 되거나 사회복지사, 공무원, 의사, 선생님 등 다른 사람에게 도움이 되는 직업을 선택할 수도 있고, 개별적으로 자기만의 봉사에 관한 소신과 약속을 실천할 수도 있다. 이렇게 여러 경우의 수를 나열한 다음 자신의 적성과 성향에 맞는 것으로 분야를 좁혀나감으로써 비전을 수립하는 것이다. 고로 비전은 미션을 구체화하는 과정이라 할 수 있다.

비전을 세울 때 주의해야 할 점은, 반드시 달성 가능한 비전을 세워야 한다는 것이다. 현재 자신은 일반 회사원인데 봉사자의 삶을 살고자 하여 의사로 궤도를 수정한다면 어떻겠는가? 물론 다시 공부하여 뜻을 이룰 수도 있지만 학습 의욕이 없는 사람이라면 그것은 엄청난 무리수다.

셋, 플랜(Plan)이 있는가?

아무리 훌륭하고 확실한 비전도 실행 없이는 이룰 수 없다. 반드시 비전을 달성할 수 있는 계획을 세워 행동해야 한다. 어떤 공부를 얼마나 한다거나 어디를 꾸준히 다닌다거나 어떻게 사고방식을 달리한다거나 같은 실천 가능한 행동지침을 만드는 것이다.

계획을 세울 때는 비전에 맞는, 비전을 달성하는 데 필요한 계획을 세우는 것이 중요하다. 가령 '스피드스케이팅 500미터 올림픽

아무 계획이나 열심히 실행한다고 비전이 완성되는 것은 아니다.

2관왕'을 비전으로 삼은 이상화 선수가 이를 위해 매일 5시간씩 김연아 선수와 함께 피겨스케이팅을 연습한다고 생각해보자. 그 계획을 꾸준히 실천했다면 그녀가 '빙속 여제'라는 타이틀을 지켜낼 수 있었을까? 아마 불가능했을 것이다.

이처럼 무턱대고 아무 계획이나 열심히 실행한다고 비전이 완성되는 것은 아니다. 비전에 맞는 체계적인 계획을 세워야 뜻을 이룰 수 있는 것이다. 제대로 된 행동지침이 갖춰진 후에야 미래가 더욱 선명해지고 자신도 그 미래를 얻을 수 있는 방식으로 변화하게 된다. 참고로 플랜을 짤 때는 어떻게 언제까지 이룰 것인지 기간을 정해두면 더욱 좋다.

이것이 구체적인 비전 수립 방법이다. 위에서 언급한 과정을 토대로 목표를 세워야 집중력과 끈기, 의욕, 실행력이 생긴다. 그래야 비전을 곧 현실로 만드는 행복을 맛볼 수 있다.

크게 생각하면
더 크게 이룬다

비전은 원대하게 세우는 것이 좋다. 작은 비전은 딱 그 정도의 역량을 수용하지만 큰 생각의 비전은 더 넓고 깊은 지혜를 갖추도록 해준다. 그래서 비전이 큰 사람이 더 크게 성공한다.

그렇다고 터무니없이 허황된 비전을 세우라는 것은 아니다. 비록 남들 보기에 내 비전이 보잘것없어 보일지라도 그것에 큰 의미를 부여하라는 뜻이다. 즉 자긍심을 가지고 자신이 세운 목표의 소중함과 절실함을 깨달으라는 것이다.

내가 행복할 수 있는 비전을 세워라

지나가던 한 사람이 세 명의 벽돌공에게 다가가 물었다.

"지금 무슨 일을 하고 계신가요?"

그러자 첫 번째 벽돌공은 퉁명스러운 말투로 "보면 모릅니까? 먹고살려고 이 짓을 하고 있소이다"라고 대답했다.

두 번째 벽돌공 역시 귀찮다는 말투로 "시간당 만 원짜리 일을 하고 있소이다"라고 대답했다.

그 사람은 세 번째 벽돌공에게 다가가 똑같이 물었다. 세 번째 벽돌공은 잠시 하던 일을 멈추고 환한 미소를 지으며 다음과 같이 대답했다.

"나는 지금 이 세상에서 가장 멋진 건물을 짓고 있습니다."

세 번째 벽돌공의 태도는 다른 이들과 확연히 달랐다. 그는 자신의 일에 가치를 두고 즐겁게 일하고 있었다.

그리고 얼마 후, 행인은 또다시 그들 앞을 지나가게 되었다. 그는 그들의 건물을 보고 소스라치게 놀랐다. 첫 번째와 두 번째 벽돌공의 건물은 예전과 별다를 바 없는 모습이었지만 세 번째 벽돌공의 건물은 거의 완성된 형태를 보였던 것이다. 그렇다고 건물이 부실한 것도 아니었다. 오히려 앞의 두 벽돌공의 건물보다 더 견고하고 단단했다.

행인은 세 번째 벽돌공의 일솜씨와 태도에 연신 감탄했다. 그리고 그에게 시의 모든 일을 맡겼다. 그 행인은 새로 부임한 시장이었던 것이다.

이 예화를 통해 우리는 한 가지 사실을 새삼 확인할 수 있다. 비전이란 남들에게 그럴듯하게 보이는 것이 아니라 내가 행복할 수 있는 것이어야 한다는 사실이다. 나를 행복하게 만드는 비전을 세워야 능률이 오르고 빨리 달성할 수 있다.

어느 순간 지금 내가 하는 일, 즉 비전을 이루기 위한 과정이 남들이 하는 일에 비해 하찮게 여겨질 때도 분명 있을 것이다. 그렇다고 실망하거나 좌절하지 말자. 비전의 가치는 내가 그 일에서 느끼는 자부심과 내가 그 일에 얼마나 가치를 부여하는지에 따라 달라진다. 나의 태도가 위대한 비전을 만들고 행복한 성공으로 이끈다는 사실을 상기하자.

내 삶의 MVP를 행동으로 실현하라

비전을 세웠으면 이제부터는 MVP(mission, vision, plan)를 실행으로 옮길 차례다. 실행력이 있어야 현실이 되고, 미래의 당신을 진정 MVP로 만들어줄 것이 아닌가.

만약 당신이 실행력이 부족한 사람이라면 조력자가 되어줄 타인에게 자신의 MVP를 밝히는 것도 좋다. 그리고 더불어 타인에게 자신이 이를 반드시 이루고 말겠다고 단단히 약속해두도록 하자. 이로써 또 하나의 동기부여와 의무감이 생기면서 실행에 탄력을 받을 수 있다.

행동으로 옮기지 않는 비전은 아무것도 이룰 수 없다. 하지만 행동이 뒤따르는 비전은 인생을 송두리째 바꿀 수 있음을 명심하자.

Step 1. 나의 약식 MVP 세워보기

미션 (Mission)	

구분	내용	단기	중 · 장기
비전 (Vision)	* * *		
플랜 (Plan)	* * *		

나는 상기 내용을 반드시 이행할 것을 나 자신에게 약속합니다.

일　시 :
작성자 : 홍 길 동　(인)
확인자 : 허　　균　(인)

1. 내가 원하는 것을 모두 적어보자. 가장 먼저 이루고 싶은 것, 중요한 것, 실천 가능한 것은 무엇인가?

구분	절실함(%)	실행 의지(%)
100		
90		
70		
50		
30		
10		

2. 내가 원하는 것들을 절실함과 실행 의지라는 척도를 기준으로 점수로 산정해보자.

3. 원하는 것을 이루는 데 필요한 환경이나 조건(예를 들어 경제적 형편이나 인맥 같은 조건)은 어떠한지 진단해보자.

4. 원하는 것을 이루는 데 필요한 정보를 어느 정도나 확보하고 있는지 파악해보자.

팔자를 풀면 인생이 풀린다

"**여**러분들은 지금 삶에 만족하시나요?"

가끔 강연 중 뜬금없는 질문을 던져본다. 그러면 교육생들은 대부분 어리둥절해하며 곧장 대답하지 못하고 머뭇거리며 "만족스런 삶이 어디 있겠어요?"라고 반문하기도 하고 몇몇은 우스갯소리로 "팔자가 이 모양인가 보죠!"라고도 말한다. 그러면 장내는 한바탕 웃음바다가 된다. 그럼 나는 또다시 질문을 한다.

"여러분들이 현재 원하는 것을 이루려면 어떻게 해야 할까요?"

이번에는 우스갯소리도 나오지 않는다. 모두들 침묵뿐이다. 그 순간 나는 그들에게 이렇게 이야기한다. "아까 말씀하신 팔자를 풀면 됩니다"라고.

원래 팔자란 사람에게 정해진 한평생의 운수를 가리킨다. 운수란 우리네 인생의 희로애락을 전부 담고 있는 말이다. 운수라는 말 그 자체에는 긍정적이거나 부정적인 의미가 담겨 있지 않다. 그런데도 우리는 팔자를 부정적인 의미로 곧잘 쓰곤 한다.

"아이고 내 팔자야."

안 좋은 상황이나 벗어날 수 없는 처지에 놓이면 절로 '팔자타령'을 한다. 이때의 팔자는 원래 의도와는 달리 자기 능력의 한계를 설정하는 의미로 사용된다. 이렇게 팔자를 자주 운운하는 사람들은 대개 레드마인드 유형으로 자기변명에 능해서 모든 불편한 상황을 남의 탓, 환경 탓, 운명 탓으로 돌린다.

이런 레드마인드형 사람들은 자신에게 닥친 나쁜 상황을 마치 숙명처럼 받아들이고 스스로를 위로하는 데 급급하다. 그래서 자신의 삶을 변화시키는 것을 체념하고 현재 상태에서 벗어나려 하지 않는다. 자연히 미래는 현재보다 더 나빠지는 악순환을 겪게 된다.

내 지인 가운데도 팔자를 믿다 제대로 팔자 꼬인 사람이 있다. 그는 어릴 적부터 부모님께 '대성할 운'이라는 이야기를 자주 들었다. 그래서 항상 입버릇처럼 자신의 운을 자랑하곤 했다. 그러면서 "나는 가만있어도 팔자 필 사람이야!"라고 너스레를 떨었다. 나는 그의 이러한 무모한 믿음이 어디서 나왔는지 무척 궁금해졌다. 그래서 하루는 이유를 물었더니 다음과 같은 대답이 돌아왔다.

"부모님이 자주 다니는 절의 스님이 내 사주를 보시더니 30대에 크게 성공할 운수라고 했대."

이것의 그의 신앙 같은 믿음이었다. 타고났다는 자신의 팔자를 과신한 탓에 그는 늘 무엇을 열심히 하지도, 꾸준히 하지도 않았다. 심지어 그에게는 어떤 비전도 없었다. 30대가 되면 사주대로 어떻게든 성공할 테니까……

당연히 자기 스스로 일을 찾지도 않았다. 편의점을 하는 부모님을 돕거나 누군가 그에게 도움을 청할 때 잠시 잠깐 도와주는 게 사회생활의 전부였다. 나는 그가 삶을 헛되이 낭비하는 것이 안타까워 한번은 이런 말을 해준 적이 있다.

"이젠 취업을 해서 사회 경험을 쌓아보는 게 어때? 무턱대고 시간 보낸다고 성공할 수 있는 건 아니잖아."

그러자 친구는 개의치 않는다는 듯 시큰둥하게 말했다.

"괜찮아. 내가 뭘 하든 30대가 되면 다 성공하게 돼 있어."

과연 그는 자신의 강한 믿음처럼 되었을까? 전혀 아니었다. 어느새 40대 중반에 접어든 그는 여전히 부모 그늘에 의존하는 한량과 다를 바 없었다. 경제적 능력이 없으니 결혼도 하지 못했다. 그런 그를 보며 나는 새삼 깨달았다. 아무리 좋은 팔자나 운명을 타고나도 비전과 노력 없이는 아무것도 얻을 수 없다는 진리를 말이다.

랠프 월도 에머슨(Ralph Waldo Emerson)은 이런 말을 했다.

"약한 사람은 운을 믿고 강한 사람은 원인과 결과를 믿는다."

그동안 쌓은 원인이 있어야 결과가 따르는 법이다. 인생은 순간 순간 쪼개져 결과가 드러나는 단막극이 아니다. 인생을 크게 보면 언젠가 인과법칙의 진리를 깨닫는 날이 반드시 찾아온다. 그때를 위해 우리는 비전을 세우고 팔자(한계)를 벗어나려는 노력에 힘써야 한다.

무한 가능성의 열쇠, 팔자(8)를 풀며 살자

혹자는 우리가 사는 세상을 두 가지로 나누어 이야기한다. 눈에 보이는 세상과 보이지 않는 세상. 이른바 물질세계와 정신세계를 나누는 것이다. 가령 몸이 눈에 보이는 물질의 영역이라면 마음은 눈에 보이지 않는 정신의 영역으로 구분한다.

이런 사상을 가진 사람들은 낮과 밤, 남과 여, 거짓과 진실처럼 세상이 균형을 이루면서 존재한다고, 한쪽이 없으면 다른 한쪽도 존재할 수 없다고 믿는다. 결국 세상의 모든 이치를 이분법적으로 나누어 주장하는 셈이다.

그런데 이렇게 나누어진 세상은 사실상 사람의 머릿속에서만 존재한다. 마치 공식처럼 자연의 이치를 나누는 일이 가능할까? 실제로 세상은 모두 하나의 순리로 이어져 있다. 어둠은 밝음을 만들고 밝음은 어둠을 만든다. 겨울은 봄을 만들고 봄은 여름을, 여름은 가을을, 가을은 겨울을 만든다. 이렇게 세상은 분리할 수 있는 것이 아니라 하나로 이어져 있음을 알아야 한다.

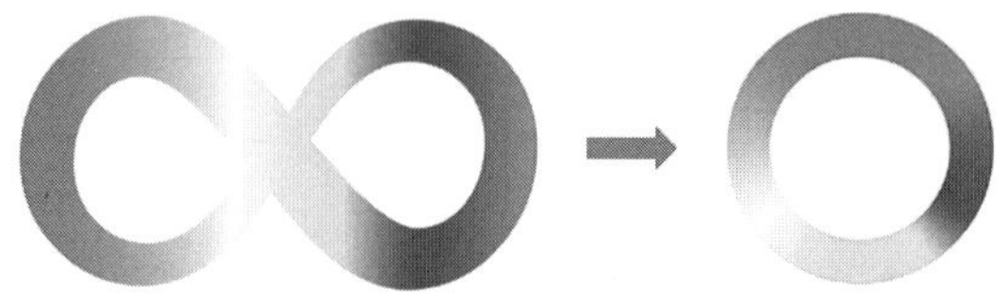

블루마인드에 가까워질수록 팔자가 풀린다.

8자 그림을 보면 오른쪽과 왼쪽은 중간의 한 점에서 나누어진다. 이 점은 8자를 만드는 매듭이다. 매듭이 단단할수록 나와 네가 있고, 선악이 뚜렷이 구별되며, 적과 아군이 분명해진다. 매듭은 우리의 견시관(見視觀), 가치관, 고정관념이라고 할 수 있다.

자기 것이 강하고 관념이 강할수록 매듭은 한 개가 아니라 꼬이고 꼬여서 여러 개가 된다. 그나마 매듭이 하나인 사람들은 자기가 타고난 운명대로 살아갈 수 있지만, 매듭이 여러 개 꼬인 사람들은 인생도 꼬일 대로 꼬여서 자기 인생을 살아가기 힘들다. 그러므로 우리는 이 매듭을 풀 필요가 있다.

매듭은 의식이 성장할수록, 블루마인드에 가까워질수록 점차 느슨해진다. 8자가 풀리면 매듭은 사라지고 둥근 원이 되는데, 이때의 원은 비어 있는 텅 빈 공간이 아니라 모든 가능성을 담은 무한대의 원으로 존재하는 것이다. 이는 옳고 그름이 사라지고 무한한 사랑과 가능성만 존재하는 공간이 된다. 우리는 이 공간을 만들어 행복한 미래의 가능성을 높이는 데 초점을 맞춰야 한다.

기존의 삶의 방식을 버려라

지금까지 삶이 뜻대로 되지 않았다면 자신이 지닌 사고구조, 즉 관념을 의심해봐야 한다. 자기관념에 의지하여 살아온 탓에 또 다른 가능성을 내다보는 시야가 가려져 있었던 것은 아닌지 확인해볼 필요가 있다. 잘못된 습관이 몸을 망치듯이 바람직하지 않은 관념은 인생을 망친다. 그러므로 자기관념을 정화할 필요가 있다. 미래를 자신의 뜻대로 만들고 싶은 사람 또한 현재 자기관념을 새롭게 업데이트할 필요가 있다. 잘못된 습관과 부정적인 관념에서 벗어나기 위해서 항상 노력을 게을리하지 말자.

스스로 믿음을 가져라

자신에 대한 믿음, 노력에 대한 믿음, 변화에 대한 믿음이 있어야 한다. 간혹 '믿는다고 뭐가 달라질까?' 의심하는 사람도 있다. 하지만 믿음은 그 자체로 자기 내면을 강인하게 만든다. 또한 자기 믿음은 조금씩 자신을 변화시키고 결국에는 삶을 바꾸어놓는다.

결과에 대한 집착을 버려라

우리는 어떤 일의 결과를 미리 짐작하는 습관이 있다. 이 때문에
두려움도 생기고 거부감도 느낀다. 그래서 시도해보기도 전에 포기
하는 사람도 있다. 또한 자신이 생각한 대로 결과가 나오지 않으면
실망하고 심하게 분노하는 이들도 있다. 이러한 과정들이 거듭되다
보면 원망이 쌓여 자연히 팔자타령이 나오는 것이다. 그래서 결과
를 지레짐작하는 습관은 매우 위험하다.

긍정적이며 적극적으로 행동하라

긍정은 모든 변화의 핵심이다. 긍정적인 사고가 없다면 기회를
찾기 어렵다. 긍정이 행복한 인생을 살아가기 위한 핵심 요소인 것
이다.

우리가 사는 세상에는 생각만으로 이루어진 것이 없다. 모두 생
각을 실행으로 옮김으로써 얻은 결과물들이다. 이처럼 사고와 행동
역시 긍정적으로 실천해야 미래도 긍정적으로 만들어지는 것이다.
그렇기에 우리는 긍정적인 사고를 갖고 적극적으로 행동하는 훈련
을 할 필요가 있다. 긍정이 몸에 자연스럽게 배면 비로소 우리가 바
라고 원하는 모든 일이 모습을 드러내기 시작한다.

팔자타령은 하지 말자. 내 팔자가 왜 그런지 푸념하고 고민할 시간에 오히려 팔자를 풀기 위한 노력부터 시작하자. 비전을 만들고 블루마인드를 실천하면 당신이 인생의 걸림돌이라 여겼던 모든 장애물이 사라져버릴 것이다.

생각은 행동으로 연결되고, 행동은 가능성을 키운다.

생각은 그 자체로 하나의 에너지이며,

생각을 통해 우리는 계획하고 반응한다.

Chapter 3

비전을 현실로 만드는 비결

믿음이 행동을 만든다

과거 세계 육상계에는 하나의 불문율이 있었다.

'인간이 1마일(약 1609m)을 4분 안에 주파하는 것은 절대 불가능하다!'

요즘 대다수 육상 선수들이 1마일을 3분대에 주파하는 것을 감안하면 황당한 이야기일지 모른다. 그렇지만 당시 육상 전문가나 학자들은 4분의 장벽을 마치 인간이 침범할 수 없는 신의 영역으로 여겼다. 그래서 심지어 이런 말이 회자되기도 했다.

"인간은 에베레스트 산을 정복했고 남극과 북극에 모두 도착했다. 또 아마존의 밀림을 탐사했으며 모든 사막도 건넜다. 그러나 아직 1마일을 4분에 뛰지는 못했다."

그들은 4분의 장벽을 결코 깰 수 없으리라 확신했다. 인간이 1마일을 4분 내에 들어오면 심폐 기능에 이상이 생겨 심장과 허파가 파열되고 근육이 찢어져 죽을 것이라 믿었다.

1954년 5월 6일, 영국에서 세계를 발칵 뒤집어놓은 놀라운 일이 벌어졌다. 수백 년 동안 깨지 못한 4분 벽을 허문 이가 나타난 것이다. 그의 이름은 '로저 베니스터'. 그는 3분 59초 4라는 기록으로 인간의 한계라 여겨졌던 4분 벽을 단번에 뛰어넘어버렸다. 더군다나 놀랍게도 그는 육상 선수도 아니었다.

베니스터는 의학을 공부하는 평범한 대학생이었다. 그동안 논란이 무성하던 육상계의 불문율을 한 명의 의학도가 보란듯이 깨버린 것이다. 사람들은 이 겁 없는 청년의 도전 정신에 감탄하며 위대한 기록을 달성할 수 있었던 이유를 물어보았다. 그러자 베니스터는 이렇게 대답했다.

"우리가 4분 벽을 깨지 못했던 건 그동안 우리 자신이
1마일을 4분 안에 주파하지 못한다고 믿었기 때문입니다."

즉 그는 '인간은 1마일을 4분 안에 달릴 수 있다'는 믿음으로 도전했다는 것이다. 그 신념이 기적을 이뤄낸 것이다. 이는 관념의 한계를 깨뜨리기가 얼마나 힘든지, 그리고 믿음의 힘이 얼마나 강력한지 보여주는 귀중한 사례다.

우리는 이 사례를 통해 믿음의 중요성을 새삼 깨달아야 한다. 수 세기 동안 불가능이라 여겼던 일, 그것을 깬 것은 가능성을 믿은 단 한 사람이었다. 가능하다는 믿음 하나로 도전하고 실천함으로써 모두의 편견을 깨뜨려버린 것이다. 가능성에 대한 믿음이 불가능할 것만 같았던 비전을 이루게 한 것이다.

우리가 이 사례를 통해 배워야 할 것이 하나 더 있다. 베니스터가 자신의 꿈을 현실로 만들기 위해 어떤 노력을 했는지 알아야 한다.

당시 베니스터는 옥스퍼드를 다니는 의대생이었다. '마의 기록을 깰 수 있다'는 믿음을 가진 다음부터 그는 자신만의 훈련에 열중했다. 의학 지식을 바탕으로 자신의 신체 기능을 극대화할 방법을 고민하고 새로운 훈련을 시도했다. 그래서 고안한 방법이 1마일을 네 구간으로 나누어 전력질주하고, 중간에 2분간 휴식을 취하며 달리는 훈련이었다. 이를 통해 지구력과 스피드를 동시에 키운 것이다. 결국 그가 관념의 한계를 뛰어넘을 수 있었던 것은 '할 수 있다'는 믿음, 남다른 의지, 그리고 자신만의 혁신적인 훈련 방법 덕분이다.

단 1%의 가능성도 신봉하라

세상에는 두 부류의 인간이 존재한다. 한쪽은 '불가능'을 종교처럼 떠받드는 사람, 다른 한쪽은 '가능성'을 신봉하는 사람이다.

가능성을 신봉하는 사람들은 상상을 한다. 어떤 일을 가능하게 할 조건들, 가능하게 만들 행동들, 가능하게 하는 데 필요한 시간, 이를 모두 통찰하여 가능성을 입증하고자 노력한다. 그러면 기존에 보지 못한 다양한 방법과 새로운 기회를 포착할 때도 있다.

예컨대, 실패한 접착제를 이용해 포스트잇을 만들게 된 것이나 레이더를 연구하려다 전자레인지를 만드는 아이디어를 얻게 된 일, 또는 심장약을 연구하다 우연히 비아그라를 만들게 된 것처럼 가능성을 믿고 가능성을 입증하고자 노력하는 이들은 행운의 여신을 뜻밖의 방향에서 만나기도 한다. 이는 가능성을 입증하기 위한 행동이 없었다면 결코 만날 수 없는 행운이었다.

이렇게 가능성을 믿고 노력하면 또 다른 비전이 제시되기도 한다. 그 대표적인 예로 안철수 씨를 들 수 있다. 안철수 씨의 성공 신화는 우리가 익히 잘 알고 있다. 의대생 시절 컴퓨터바이러스 백신을 개발하여 일약 한국의 빌 게이츠로 떠오른 인물. 하지만 우리가 여기서 새삼 짚어봐야 할 것은 그가 믿은 가능성이다.

안철수 씨가 백신을 개발하기 전까지 사람들은 컴퓨터바이러스에 대해 무지했다. 컴퓨터가 병을 앓는다는 것을 의아해했고 두려워했다. 심지어 컴퓨터바이러스가 사람에게 전염된다는 황당한 소문까지 돌았다. 뉴스에서도 이 기이한 두려움을 심각하게 다룰 정도로, 당시 컴퓨터바이러스는 그야말로 공포 그 자체였다.

컴퓨터에 바이러스가 침입해도 당시 사람들은 오로지 다른 컴퓨터에 감염되지 않을까 염려하기만 할 뿐 바이러스를 고쳐야 한다는 생각을 하지 못했다.

이런 사회적인 풍토에서 안철수는 다른 생각을 했다.

'사람도 병에 걸리면 고치는데 컴퓨터바이러스도 고칠 수 있지 않을까?'

그는 이런 믿음으로 가능성을 입증하기 위해 노력했다. 의대생이었던 그는 컴퓨터의 하드웨어와 소프트웨어를 밤낮 공부하고 연구한 끝에 결국 대한민국 최초의 백신 프로그램을 만들어냈다. 이후 그는 백신을 무료로 제작, 배포하여 사람들이 컴퓨터바이러스의 공포에서 벗어나게 해주었다.

이러한 노력 덕분에 그는 한국의 대표 소프트웨어 기업 설립자가 될 수 있었다.

안철수와 같이 가능성을 믿으며 당당히 자신의 길을 걷는 사람은 주변에서도 찾아볼 수 있다. 내가 아는 한 여성은 요리에 콤플렉스가 있었는데, 그녀는 요리가 수학 공식보다 복잡하고 어렵다 말하는 새내기 주부였다. 전업주부가 아닌 탓에 요리를 배우거나 차려볼 기회도 적어 그녀의 요리 콤플렉스는 갈수록 심해졌다. 가끔 요리를 만드는 날이면 신랑의 투정에 스트레스도 받고, 자신이 아내 역할을 제대로 하고 있는 건가 자꾸 의심이 들기도 했다. 그렇다 보니 주부로서 자신감이 떨어지고 직장에서도 점차 움츠러들기 시작한 어느 날이었다.

'요리? 안 해봐서 못하는 거지, 하기만 하면 못할 이유가 어디 있어. 나도 한다면 하는 사람이야! 다들 깜짝 놀랄 만한 가정식 요리의 달인이 되고 말겠어!'

자꾸 나약해지는 자신의 모습에 화가 난 그녀는 이런 생각을 했다고 한다. 그래서 다음 날부터 자신만의 방식으로 쉽고 간편한 요리를 만들어보기 시작했다. 물론 초반에는 실패할 때도 많았지만 가정식 요리의 달인을 꿈꾸며 그녀는 거듭 도전했다. 성공한 요리는 잊어먹지 않으려고 블로그에 올려 꼼꼼히 기록도 해두었다.

그렇게 여러 달, 뜻밖의 사건이 벌어졌다. 그녀가 고안한 간편 요리법이 인터넷상에서 큰 호응을 얻으면서 별안간 화제의 인물로 떠오른 것이다. 말로만 듣던 '파워 블로거'가 된 것이다. 게다가 그녀의 요리법을 책으로 내자는 출판사의 제안도 들어왔다. 덕분에 그녀는 요리책을 낸 진짜 가정식 요리의 달인이 되었다.

그녀는 단지 자신만의 요리를 만들려고 노력했을 뿐인데 요리 달인이라는 명성을 얻게 된 것이다. 그저 자신의 가능성을 믿고 도전했을 뿐인데 뜻밖의 횡재가 제 발로 찾아온 것이었다.

이처럼 가능성을 믿는 사람은 새로운 기회를 포착하거나 가능성을 증명하는 영광을 누리기도 한다. 가능성을 입증하려는 도전은 설령 실패하더라도 아무런 손해가 없다. 포기하지 않는다면 우리는 그 과정에서 충분한 지혜와 용기, 희망, 자신감을 배우고 습득하게 된다.

반면에 불가능을 믿는 사람은 어떨까? 일단 그들은 의지가 약하여 '이렇게 해보면 어떨까?' 생각한 것도 행동으로 옮기지 못한다. 상황을 파악하는 정보가 부족하여 눈앞에 놓인 기회도 발견하지 못한다. 결국 그들은 본인의 의지대로 해결할 수 있는 것이 아무것도 없다. 즉 자신의 능력을 발휘해보기도 전에 퇴화하는 것이다.

결국 비전을 이룰 수 있는지 여부는 '믿는가? 믿지 않는가?'에 달려 있다. 우리는 사과 안에 있는 씨앗의 수를 셀 수 있다. 하지만

불가능과 가능의 차이를 만드는 것은 작은 믿음이다.

하나의 씨앗이 얼마나 많은 사과를 열매 맺게 할지는 아무도 모른다. 가능과 불가능도 그런 것이다. 우리가 무엇을 믿든 그것은 전적으로 개인의 선택이다. 하지만 그 결과 역시 본인의 책임임을 잊지 말아야 한다.

Impossible(불가능)에 작은따옴표를 하나 찍으면 I'm possible(가능)이 된다. 불가능과 가능의 차이를 만드는 것은 단지 작은따옴표만큼의 작은 믿음이다.

생각은 '미래 에너지'다

믿음은 곧 생각에서 비롯되는 것이다. 아무것도 아니라 생각하면 그것은 정말 아무것도 아닌 것이 되고, 절실히 필요한 일이라 생각하면 그것은 행동하게 만드는 원동력이 된다. 그래서 '생각을 어떻게 하느냐'도 매우 중요하다.

생각은 행동으로 연결되고, 행동은 가능성을 키운다. 생각은 그 자체로 하나의 에너지이며, 생각을 통해 우리는 계획하고 반응한다. 실제로 플라세보 효과나 노세보 효과를 보면 생각이 우리에게 어떤 영향을 끼치는지 확인할 수 있다.

플라세보 효과는 익히 잘 알려진 심리 용어다. 약효가 전혀 없는 가짜 약을 진짜 약으로 속여 환자에게 복용하게 했더니 실제 병세가 호전되었다는 이야기. 암시나 믿음이 우리 몸에 영향을 미친다는 것은 이젠 새삼스러운 사실이 아니다. 플라세보 효과와 반대로 부정적인 암시를 하면 그대로 행동한다는 노세보 효과 역시 마찬가지다. 이는 생각 에너지가 실제로 존재함을 입증해준다. 고로 생각은 앞으로 어떻게 변화할지를 보여주는 지표인 셈이다. 따라서 우리는 생각 에너지를 유익하게 쓰는 방법을 배워야 한다.

생각 에너지의 유형은 단순하다. 레드마인드와 블루마인드, 즉 부정과 긍정으로 나눌 수 있다. 사람들은 각기 한 가지 마인드만 가지는 것이 아니라 두 가지 마인드를 모두 지니고 있다. 그래서 어떨 땐 긍정적으로 생각하다가도 한순간에 부정적으로 돌아설 때도 많다. 이는 지극히 당연한 일이다. 인간은 이성과 감성이 복합적으로 작용하기에 하루에도 수만 번 긍정과 부정 사이를 오간다.

여기서 재미있는 실험을 해보는 건 어떨까? 자신이 하루 중 어떤 마인드를 더 많이 사용하는지 체크해보는 것이다. 그러면 평소 자신이 무슨 생각 에너지를 사용하는지 눈으로 확인할 수 있고 다음 단계로 나아가는 방법도 쉽게 접근할 수 있을 것이다.

사실 대부분 사람은 주로 부정적인 생각에 집중할 때가 많다. 인간의 뇌는 좀 더 자극적인 것에 강하게 반응하도록 되어 있다. 그래서 긍정적인 생각보다 다소 극적이고 날카로운 부정적인 생각에 더 민감해질 수밖에 없다. 그렇기에 우리는 부정적인 생각을 경계하는 일을 게을리해서는 안 된다. 부정적인 생각이 들 때마다 떨치는 방법을 배우고, 반면에 긍정적인 생각에 더 집중하는 노력이 필요하다. 그래야 생각 에너지를 유익하게 사용할 수 있다.

어떤 마음으로 변화하고 생각을 지속하느냐에 따라 자신의 에너지 장(흐름)이 형성된다. 그 흐름에 따라 삶의 방향이 정해지며 결국 그에 따라 미래가 창조되는 것이다. 즉 생각은 미래로 이어지는 창조 에너지인 셈이다. 그러므로 우리는 생각에 더 주의를 기울여야 한다.

또한 생각은 아주 예민하다. 쉽게 주변에 전달되고 퍼져나간다. 만약 당신 곁에 화난 사람이 있다면 어떤 기분이 들겠는가? 옆 사람이 신경 쓰이고 눈치 보일 것이 뻔하다. 그러면서 자신도 마음이 불편해질 것이다. 매번 이렇게 부정적인 사람과 함께 있다면 덩달아 함께 부정적인 생각에 빠지거나 자연히 그 사람을 피하게 될 것이다. 한번 부정적인 생각에 빠지면 헤어 나오기 힘들기 때문이다. 그러므로 우리는 더욱더 부정적인 생각을 정화하고 긍정에 집중해야 한다.

"나쁘게 보아 제거하려 하면 잡초 아닌 것이 없고 좋게 보아 취하려고 하면 꽃 아닌 것이 없다"는 말이 있다. 미래에 잡초로 살지, 꽃으로 살지는 자신의 몫이다.

자기암시가
현실이 된다

자기암시란 말 그대로 자신에게 의도적으로 생각을 주입하는 것이다. 이는 일종의 최면과도 같다.

평소 우리는 자신도 모르게 자기암시를 하는 경우가 많다. '난 왜 이렇게 재수가 없지?', '내가 원래 그렇지 뭐⋯⋯' 등등 의도치 않게 부정적인 생각들로 최면을 건다. 그러면 자기암시 된 내용은 즉각 말과 행동이 되어 부정적인 현실을 만들어버린다. 바로 앞서 말한 노세보 효과가 나타나는 것이다.

그러므로 평상시 인위적으로라도 긍정적인 자기암시를 자주 해야 한다. 예컨대 방송인 노홍철 씨를 살펴보자. 〈무한도전〉에서 그는 항상 이런 말을 반복한다.

"좋아, 가는 거야! 나는 럭키 가이!"

실제로 그가 타고난 럭키 가이인지 아닌지 아무도 모른다. 그러나 그의 긍정적인 마인드는 때론 진짜 빛을 발하기도 한다. 이것이 바로 긍정적인 자기암시다. '본인이 되고 싶은 사람', '본인이 이루고 싶은 목표' 그리고 '이룰 수 있다는 믿음'을 끊임없이 되뇌는 것! 자기암시란 스스로에게 최면을 거는 나만의 유행어를 만드는 일이다.

자기암시를 활용하면 비전을 실행하는 데 가속력과 지구력이 붙

는다. 지금부터 자기암시를 습관화하고 효과적으로 하는 방법을 터
득해보도록 하자.

● **자기암시를 습관화하는 방법**

1. 긍정적으로 자기암시를 하는 말을 만들고 매일 아침과 잠들기
전에 반복한다.

부정형의 말은 결국 부정적인 쪽만 인식하게 만든다. 가령 “이번
프로젝트는 실패하지 않을 거야!”라고 암시하는 것은 오히려 실패
에 대한 불안감만 높인다. 그러므로 자기암시를 할 때는 “성공적인
프로젝트를 하자!” 같은 긍정형 문구로 바꾸는 것이 좋다.

2. 자기암시는 미래형이 아닌 과거완료형으로 한다.

‘~했으면 좋겠다’ 는 미래형 문장은 자기암시라기보다는 일반적
인 바람으로 인식된다. 그러면 우리의 잠재의식은 ‘아직 그렇게 되
지 않았다’ 는 사실만을 재확인하게 된다. 따라서 자기암시 메시지
는 “성공적인 프로젝트를 했으면 좋겠다”보다는 “성공적인 프로젝
트가 이뤄졌다”처럼 과거완료형으로 표현하는 것이 좋다. 과거완료
형이 왠지 어색하다면 현재형으로 “성공적인 프로젝트가 진행되고
있다”라고 해도 좋다.

3. 짧고 쉬운 문장으로 간단명료하게 정리한다.

너무 긴 문장의 암시는 외우기 힘들다. 빠르게 전달하고 주입할 수 있도록 간단하게 정리하자. 예를 들어 "모든 일이 잘 풀리고 있다", "매일 일이 즐겁다", "내게 희망과 기쁨이 가득 찼다", "가족 모두 건강한 것에 감사한다", "내 실력이 점점 나아지고 있다"처럼 자신에게 필요한 암시를 일목요연하게 표현하자.

4. 습관처럼 자주, 되도록 소리 내어 말한다.

매일 아침 일어날 때나 잠들기 전에 자기암시를 주문처럼 되풀이한다. 자기암시는 시간과 노력이 필요하다. 오랜 시간 암시를 해야 완전히 인지되어 어느 순간 그것이 자연스럽게 현실화된다. 처음에는 다소 어색할 수 있지만 포기하지 말고 꾸준히 자기암시를 한다.

5. 자기암시를 시각화한다.

눈에 잘 띄는 곳에 자기암시 문구나 관련 그림을 붙이면 인지하기 쉽다. 시각화된 암시는 보는 것으로 충분히 메시지를 전달하고, 평소 잊지 않게 해줘 습관화하는 데 더욱 효과적이다.

프랑스의 자기최면 권위자 에밀 쿠에(Emile Coué)는 "말과 상상력이 싸우면 반드시 상상력이 이긴다. 만약 말과 상상력이 손을 잡

게 되면, 그 힘은 단순히 합쳐지는 것이 아니라 상승효과를 일으킨
다"고 말했다. 우리도 자신의 꿈에 한발 다가서기 위해 끊임없이 생
각하고, 말하고, 집중하는 습관을 들이도록 하자.

미래를 긍정적으로 상상하라!

긍정의 중요성은 익히 들어왔을 것이다. 그럼에도 또다시 긍정을 이야기하는 이유는 그만큼 중요해서다. 우리가 긍정적인 마인드일 때 확실한 자기 변화를 완성할 수 있다.

실제로 긍정은 뇌 활동에 이로운 변화를 일으키고, 일상생활에 좋은 영향을 끼친다는 연구 결과도 있다. 인간의 뇌는 크게 좌뇌와 우뇌로 구분되는데 사람들은 대부분 좌뇌에 의존하여 생활한다. 좌뇌는 언어, 정보 분석, 합리화, 평가, 판단 등 다양한 기능을 수행하지만 동시에 일상생활과 관련된 부정적인 생각들도 담당한다.

반면 우뇌는 감성적인 측면이 많다. 의식을 차분하게 해 사람들을 침착하고 평온해지게 한다. 긍정은 바로 이러한 우뇌의 기능을 자극하여 마음의 평화를 얻고 행복감을 느끼게 하는 데 지대한 역할을 한다. 그러므로 우뇌의 기능을 강화시키면 행복을 더 빨리 느낄 수 있는 것이다.

우뇌의 기능이 활발해지면 부정적인 의식과 태도가 바뀐다. 일상생활의 행동도 자연히 긍정 명령에 따라가는 것이다. 이러한 우뇌의 기능을 활용하면 긍정적인 변화와 목표에 도달하는 힘을 얻을 수 있다.

우뇌를 적극적으로 활용하는 방법

첫째, 하루 5~10분 정도 고요하게 눈을 감고 앉아 있는 습관을 들이자. 그러면 번잡한 생각이 가라앉아 몰입할 수 있게 된다.

둘째, 감각 정보에 집중하자. 오감을 느낄 때는 그에 집중하면서 천천히 음미하고, 좋은 느낌이 들 때는 반드시 칭찬으로 표현한다.

셋째, 감정을 긍정적으로 의식하는 습관을 들이자. 우리 뇌에는 평소 생각하는 방식에 따라 감정을 느끼는 감정 프로그램이 설정되어 있다. 따라서 평소에 부정적인 생각으로 감정을 몰고 가는 습관이 들면 나중에는 부정적인 것에만 뇌가 반응한다. 따라서 어떤 상황에 놓이든 의도적으로라도 긍정적인 생각을 떠올리는 것이 좋다.

의식의 변화를 막 시작한 사람은 세상을 배우기 시작하는 어린아이와도 같다. 의식을 변화시키려면 기존의 관념과 자기인식을 바꾸고 그것을 토대로 행동을 바꾸어나가는 습관을 들여야 한다. 이런 순간에 한번쯤 고비가 찾아오지 않을 수 없다. 외부의 방해로 흔들리는 순간도 있을 테고, 내부 갈등으로 시험에 빠지기도 한다. 의심, 조바심, 좌절, 포기, 자책, 분노 같은 부정적인 생각과 감정들 때문에 실패를 거듭하기도 한다. 사람의 의식이 결심만으로 완전히 바꿀 수 있는 것은 아닌 까닭이다.

사람이 육체적으로 성장하는 과정에서도 그러하듯이 의식의 변화 과정에서도 시간과 단계가 필요하다. 우리는 태어나면서부터 걷고 뛴 것이 아니다. 처음 누웠다가 뒤집고, 앉다가 서고, 기다가 걸음마를 터득한다. 그것이 익숙해지면 잘 걷고 뛰게 된다. 이런 과정을 거치며 우리는 여러 차례 넘어지고 다치길 반복했다. 이렇게 모든 변화 과정에는 고통스러운 순간이 존재하는 것이다.

변화 과정에서 위기가 찾아오더라도 다른 해결 방법을 찾으려고 하지 마라. 넘어졌을 때 다시 걸으려면 다시 일어서서 걷는 수밖에 없다. 마찬가지로 의식을 변화시키는 과정에서도 긍정적인 생각을 멈추지 말고 이어가야 한다. 회복하고, 이해하고, 포용하며 다음 단계로 이끄는 것은 오직 긍정의 힘뿐이다.

긍정 마인드와 생각의
창조 에너지를 결합시켜라

긍정 마인드는 변화를 지속 가능케 하고 의식을 성장시킨다. '역시 난 안 돼', '나는 쓸모가 없어'라고 의식한다면 우리는 그 틀에서 벗어나지 못한다. 반면에 '한번 부딪혀보는 거야! 결과에 상관없이 배움은 반드시 남는다'고 여기면 한발 나아가는 사람이 되는 것이다.

이러한 긍정 마인드가 생각의 창조 에너지와 결합하면 강한 시너지효과를 발휘한다. 우선 자신의 시각이 달라진다. 나쁘게만 보던 것이 좋게 보이고, 불가능하다고 생각하던 것이 가능하게 여겨진다. 세상을 보는 시선이 완전히 바뀌는 것이다.

이렇게 시각이 달라지면 태도도 바뀐다. 밝고 긍정적으로 사고하고 행동하며 말한다. 열정적인 태도로 바뀌고 유쾌하며 자신감이 생긴다. 그러면 결국 나를 보는 주변의 시선도 호의적으로 바뀌어 좋은 인상으로 남게 된다.

호감을 주는 인상은 남들에게 신뢰감과 친밀감을 높여준다. 누구나 호감이 가는 사람을 선호하고 선의를 베풀고자 한다. 그래서 이런 사람에게는 기회가 많이 찾아온다. 또한 주변 사람들이 비전을 이루는 데 도움을 주는 조력자가 되어준다. 덕분에 미래를 더욱 진취적으로 원하는 방향으로 끌고 갈 수 있다.

그러므로 생각할 때는 긍정적인 마인드로 상상하고 그것을 반드시 기억해야 한다. 비록 생각이 바로 현실이 되는 것은 아니지만 긍정적이고 간절한 생각들은 창조 에너지와 연결되어 미래에 지속적으로 영향을 미친다. 이를 양자역학에서는 '에너지 공명 현상'이라 말한다.

에너지 공명 현상은 주파수가 비슷한 에너지가 다른 에너지에게 영향을 미친다는 것으로, 나비효과처럼 시공간을 초월해 다른 지점의 에너지에도 영향을 미친다는 이론이다. 즉 긍정적인 에너지가 현재를 넘어 미래에도 작용한다는 것이다.

그렇다면 긍정 에너지의 효과를 극대화하면 어떻게 될까? 그만큼 미래도 더욱 밝고 분명해질 것이다. 긍정 마인드와 생각 에너지는 비전을 현실화하는 환상의 콤비인 셈이다.

얼핏 보면 이것은 두 가지의 결합처럼 보이지만 사실 결론은 하나다. 바로 'Yes'의 절대 긍정이다. 긍정보다 더욱 강력한 절대 긍정! 앞서 말한 바와 같이 절대 긍정은 결코 실패도 절망도 없다.

일례로 발명왕 에디슨도 절대 긍정의 블루마인드형 인물이었다. 그는 천 번이 넘는 필라멘트 실험을 하면서 절대 긍정을 무기로 마침내 전구를 완성시켰다. 남들은 천 번이 넘는 실패를 했다고 비아냥댔지만 에디슨은 그에 개의치 않고 이렇게 말했다.

만일 에디슨이 부정적 마인드를 소유했더라면 성공도 실패도 경험하지 못했을 것이다.

절대 긍정이란 의외로 단순하다. 부정적인 생각을 뒤집어보기만 하면 된다. 부정적인 생각이 들 때 그것을 뒤집어 긍정적인 표현으로 이야기하기만 해도 절대 긍정을 실천할 수 있다.

목표에 빠르게 접근하는 방법 '상상 훈련'

생각의 힘은 인간의 변화에 어디까지 영향을 미칠까? 생각이 심리적인 변화를 이끌어낸다는 것은 이미 증명된 바다. 그렇다면 생각이 육체적인 변화에도 관여하는 것일까? 이런 궁금증을 해결하기 위해 미국 클리블랜드 병원의 신경과학자 광예 박사는 아주 특별한 실험을 준비했다.

그것은 이른바 '마음을 이용한 근력 키우기' 라고 불리는 것으로 마음만으로 몸의 근력을 키울 수 있는지 알아보는 다소 허무맹랑한 실험이었다. 근력 만들기는 운동으로만 가능하다는 것이 우리의 상식이다. 신체 근육이 활발히 움직임으로써 조직이 단단해지는 것이 근력이다. 그런데 생각만으로 과연 근력을 만들 수 있을까?

광예 박사의 실험은 단순했다. 광예 박사는 실험에 참가한 피험자들에게 이런 주문을 했다.

'손을 특정한 부위에 올려놓은 후 마음속으로 근육을 강하게 수축시키는 상상을 할 것!'

단지 자신이 운동하는 모습을 상상하게 한 것이다. 매회 10초씩, 하루에 50회 정도, 운동 상상 훈련을 시켰다. 이를 꾸준히 4개월 동안 지속하게 한 후 결과를 측정해 학계에 발표했다. 광예 박사의 논문을 보고 많은 이들이 놀라움을 금치 못했다. 4개월간 운동 상상 훈련을 한 피험자들의 몸이 눈에 띄게 달라졌음을 보여주는 연구 결과가 실려 있었기 때문이다.

피험자들의 연령은 다양했다. 젊은이부터 노인에 이르기까지 체계적인 실험을 위해 고루 분포시켰다. 어느 한쪽 연령대를 대상으로 한 연구 결과라면 의구심을 살 수 있었지만, 폭넓은 연령층을 대상으로 한 데다가 피험자들 모두 10~20%가량 근육이 강화됐기에 어느 누구도 연구 결과에 의문을 제기할 수 없었다. 그러한 증가치는 무거운 역기를 드는 운동으로 늘릴 수 있는 근육의 증가량과 비슷했다. 연령에 상관없이 모두 오직 의식의 힘만으로 웨이트트레이닝을 한 것과 비슷한 효과를 본 것이다.

이처럼 상상만으로 근력을 강화할 수 있었던 것은 뇌의 착각 때문인데, 실제 경험과 상상을 뇌가 혼동한 것이다. 상상을 점점 내면화한 결과 뇌가 이를 기억하고 상상과 현실을 분간할 수 없는 상황에 빠져 결국 상상을 현실처럼 받아들여 몸에 변화가 일어난 것이다. 이는 상상 훈련을 잘 활용하면 우리가 원하는 바를 일찍 현실화할 수 있다는 것을 보여주는 실례다.

생생하게 상상할수록 현실에 더 가까워진다

마린보이 박태환 선수는 상상 훈련을 철저히 응용한 대표적인 인물이다. 박태환 선수는 시합 전 미리 그날의 경기를 상상한다. 시합에 들어가는 순간부터 결승선에 도착할 때까지 관중의 함성, 출발 신호, 물살, 몸동작 하나하나를 실제처럼 의식하고 행동한다. 그러면서 당일 시합의 긴장감을 해소하고 평정심을 유지하는 데 도움을 받는다. 또한 결승점에서 힘을 놓아버리는 고질적인 문제점도 상상 훈련으로 보완해나갔다. 그의 이러한 노력은 한 언론 인터뷰를 통해 알려졌다.

"저는 자면서도 수영을 합니다. 출발은 어떻게 하고 막판 스퍼트는 어떻게 할 건지 미리 라이벌 선수들을 정해놓고 그 선수가 어떻게 수영하는지에 따라서 저도 작전을 다르게 구사하죠. 저는 항상 1등으로 들어오는 상상을 하며 항상 저 자신의 기록을 뛰어넘는 즐거운 상상만 합니다. 그리고 당당하게 금메달을 목에 걸고 애국가를 부르는 모습을 상상해왔죠. 상상 훈련은 불안감을 없애고 저를 차분하게 만듭니다. 수영에 더 집중할 수 있게 만드는 비결입니다."

박태환 선수의 노력은 결코 헛되지 않았다. 그가 수영 불모지인 대한민국에 첫 올림픽 금메달을 선사할 수 있었던 건 이처럼 긍정적인 마인드를 가지고 생생하게 자신의 비전을 상상한 덕분이다. 지독한 육체적 훈련도 긍정적 상상이 있었기에 극복할 수 있었던 것 아닐까.

박태환 선수뿐만 아니라 많은 선수들도 이런 상상 훈련을 한다. 세계선수권대회와 올림픽을 모두 석권한 빙속 여제 이상화 선수도 방송에서 이런 말을 했다.

"금메달에 대한 압박감은 있었어요. 그러나 항상 금메달을 따는 상상을 합니다."

그리고 그녀는 슬럼프에 대해서도 이렇게 말했다.

"슬럼프는 자기 내면에 있는 꾀병인 것 같아요. 마음속 어딘가에 하기 싫은 구석이 있는데 슬럼프를 핑계로 안 하는 것이죠. 하지만 저는 반대로 끊임없이 도전했어요. 야간 훈련까지 하며 노력했더니 미세하게 좋아지더라고요."

이 두 선수의 이야기는 우리에게 마음만 먹으면 뭐든지 가능하다는 희망의 메시지를 전달한다. 이처럼 성공하는 사람들의 공통점은 긍정적인 상상을 한다는 것이다. 그리고 긍정적인 상상을 생생하게 마음속에 각인시킨다. 이 두 선수의 사례는 생생하게 상상할수록 현실에 더 가까워진다는 사실을 증명해준다.

상상 훈련으로 미래를 구체적으로 '이미지화' 하자

상상 훈련은 현재의 내가 미래의 나에게 부탁하는 훈련이다. 그렇기에 과거의 '나'는 그다지 중요치 않다. 과거의 불필요한 관념들은 버리고 지금부터 상상 훈련을 하는 방법을 배워보도록 하자.

미래의 자신에 대한 긍정적인 상상으로 시작하라

상상 훈련은 100% 자기긍정에서 출발해야 한다. 긍정적인 사고는 내면을 변화시키며 과거의 나쁜 관념을 하나씩 지워간다. 이 과정이 거듭되면 긍정적인 자아가 형성되고 블루마인드의 의식이 성장한다. 그러므로 미래에 대한 긍정적인 이미지를 떠올리며 잠재의식과 연결시키려는 노력에 집중해야 한다.

여유를 갖고 규칙적으로 훈련해야 한다

상상 훈련은 여유가 있는 시간대를 골라 규칙적으로 하는 것이 좋다. 그래야 빨리 습관화되고, 뇌가 상상을 현실처럼 착각하게 만들 수 있다. 그러므로 매일 조용히 명상하듯 상상할 수 있는 시간과 장소를 정해두자.

이미지 트레이닝을 할 때는 생생하고 구체적인 이미지를 떠올린다.

이미지화는 구체적으로 생생하게 한다

이미지 트레이닝을 할 때는 마치 영화를 보듯 생생하게 그림을 그리고, 다양한 상황을 구체적으로 연출하는 것이 좋다. 가령 예상되는 일 외에도 일어날 수 있는 돌발적인 상황까지 뚜렷하게 상상해보는 것이다.

나는 이런 이미지 트레이닝을 일상생활에서 실천하고 있다. 나는 기업교육 전 항상 강의 장소를 연상하며 가상 교육을 실시한다. 얼굴 표정과 손동작, 동선까지 모든 동작 하나하나를 생생하게 표현하며, 심지어 가상 교육생들과 대화를 시도하기도 한다. 이렇게 꼼

꼼히 이미지 트레이닝을 하면 실제 강의에 들어갈 때도 긴장 없이 편하게 임할 수 있다.

더욱이 내가 전달하고자 하는 교육 내용을 짜임새 있게 이야기할 수 있다는 장점도 있다. 또한 교육생들에게 강의의 신뢰도를 높이는 효과도 함께 얻을 수 있다. 그러므로 이미지 트레이닝은 자신의 가치를 올리는 좋은 수단이 되기도 한다.

상상에 숫자를 더해라

냉전시대 소련과 미국은 달 정복을 두고 경쟁을 벌였다. 어느 나라가 먼저 달에 착륙할 것인지를 두고 두 국가는 맹렬히 대립했다. 당시 우주산업에서 앞섰던 소련은 번번이 미국의 자존심을 자극했다. 그래서 미국은 달 착륙만큼은 자신들이 먼저 이루고 싶은 바람이 강렬했다. 그러한 의지는 미국 대통령이었던 존 F. 케네디의 연설에서도 고스란히 드러난다.

"우리는 10년 안에 미국인을 달에 착륙시키고, 무사히 귀환하도록 하겠다."

많은 이들은 이것이 무모한 계획이라 생각했다. 그런데 이 계획이 아폴로 11호에 의해 실제로 이루어졌다. 그것도 원래 계획보다 2년이나 빠른 8년 만에.

이처럼 비전을 달성할 기간을 설정해놓으면 실행력을 높일 수 있다. 또한 목표를 향해 나아가는 추진력도 높아진다. 따라서 상상 훈련을 할 때는 '언제까지', '얼마나' 등의 수치화된 구체적인 목표를 설정해두는 것이 더 효과적이다.

우리가 사는 세계는 상상의 산물이다. 먼저 상상을 통해 이미지화됐고, 그 이미지를 실제로 옮기는 과정을 거쳐 탄생한 결과물인 것이다. 상상한 이미지를 실제로 옮기는 사람만이 혁신을 꾀한다. 그러므로 상상 훈련을 가벼이 여겨서는 안 된다. 상상 훈련은 우리를 계획하게 만들고 실천하게 하며 성과를 올리게 하는 분명한 힘이 있으니까 말이다.

상상 훈련의 눈 '블루아이(blue eye)'를 열어라

절대 긍정의 마인드를 블루마인드 상태라 했다. 그러면 블루아이란 무엇일까? 블루아이는 '긍정적으로 상상하는 마음의 눈'을 의미한다. 블루아이를 통해 우리는 상상 훈련의 효과를 더욱 높일 수 있다.

블루아이 훈련은 인간의 뇌 부위 중 전두엽을 활성화하는 훈련이다. 전두엽은 전략을 타진하고 행동을 결정하며, 미래의 계획을 세우는 역할을 한다. 인간은 전두엽에 정보를 단시간 동안 저장하고 기억한다. 또한 예지력과 판단력, 지혜, 미래에 대한 계획도 전두엽에서 담당한다. 그래서 전두엽을 각성시키고 활성화하면 상상 훈련의 집중도와 지속력을 몇 배로 향상시킬 수 있다. 따라서 블루아이 훈련을 하면 상상 훈련의 효과를 더 높일 수 있다.

블루아이는 제3의 눈이라고 하는 인당혈이 위치한 곳에 있다. 이 곳은 전두엽의 가장 앞부분이기도 하지만 좌뇌와 우뇌가 맞닿는 틈 새이기도 하다. 즉 블루아이는 전두엽뿐만 아니라 편도체와 뇌간과 도 연결되어 있는 것이다. 이 지점을 통해 우리는 과거와 현재, 미 래의 이미지도 떠올릴 수 있다.

과거와 현재, 미래의 이미지를 떠올릴 때 우리의 눈은 미묘하게 변한다. 바로 눈동자의 반응이 달라지는 것이다. 과거를 떠올릴 때 는 눈동자가 왼쪽 위를 향하고, 현재를 떠올릴 때는 정면 위, 미래 를 떠올릴 때는 오른쪽 위를 향한다. 결국 눈동자의 방향에 따라서 우리의 이미지도 달라지는 것이다.

이러한 사실을 토대로 블루아이 수련법이 탄생했다. 블루아이 수 련법은 시각적인 이미지를 통해 미래를 상상하는 능력을 높이는 방 법이다. 과연 블루아이 수련법은 어떻게 하는 것인지 구체적으로 그 방법을 익혀보도록 하자.

상상 훈련의 효과를 높이는
블루아이 수련법

블루아이 훈련은 보통 30분간 실시한다. 처음 10분은 자신의 육 체(호흡)를 관찰하는 시간이고, 다음 10분은 자신의 육체적 변화에 따른 감정 상태를 관찰하는 시간이다. 나머지 10분은 자신의 내면을 들여다보고 미래의 비전을 형상화하는 시간이다.

● 블루아이 수련 자세

1. 양발을 어깨너비의 1.5배 정도로 벌리고 편안하게 선다.

2. 무릎을 살짝 구부리고 등을 바르게 편다(허리가 불편하거나 고혈압이 있으면 무리해서 따라 하지 않는다. 서 있기 불편한 사람은 의자에 앉거나 누워서 해도 상관없다).

3. 양손의 검지와 엄지를 모아서 삼각형을 만든다. 삼각형 모양을 인당혈 30cm 앞에 둔다. 이때 팔꿈치가 어깨 높이보다 밑으로 가지 않도록 주의한다.

4. 위 동작을 유지하다 보면, 처음엔 어깨와 손목에 통증이 찾아온다. 이때 그 통증을 있는 그대로 느낀다(5~10분이 지나면 통증이 대부분 사라진다).

5. 육체의 고통이 사라지고 나면 온갖 잡념들이 떠오르기 시작한다. 그 감정들을 있는 그대로 바라본다.

6. 감정들이 사라지면서 온몸이 가벼워지기 시작하면 눈을 지그시 감고 미래의 모습을 상상해본다.

이미지가 잘 떠오르기 시작하면 원하는 자신의 모습을 상상하고 집중한다. 상상이 잘되지 않으면 의도적으로 양쪽 눈을 오른쪽 위로 향한다.

블루아이 수련 자세

블루아이 수련을 할 때 중요한 포인트는 세 가지다. 첫째, 블루아이 자세에서 느끼는 육체적 고통이다. 육체의 고통은 의식을 레드마인드로 끌어내려 두려움, 피해의식, 자포자기, 자존심과 심하게 갈등하게 한다. 우리는 이러한 감정들을 그대로 관찰함으로써 육체적·심리적 변화에 주목하기 시작한다.

둘째, 감정의 순화다. 어느 순간 육체적인 고통이 사라지면, 덩달아 심한 감정의 변화도 사라진다. 육체와 감정이 편안해지면 일순간 자신감이 생기기 시작하고, 자신이 내 몸의 주인이라는 각성이 일어난다.

이러한 각성을 통해 우리는 내면의 용기와 사랑, 기쁨을 느끼게 된다. 즉 블루마인드 의식이 나타나기 시작하는 것이다. 이 블루마인드 의식을 이용해서 긍정적인 미래를 상상해내는 것이 세 번째 포인트다. 자연스럽게 그냥 떠올리는 상상 훈련도 좋지만 의도를 가지고 구체적으로 이미지를 만들 수 있다면 더욱 효과적이다.

처음에는 블루아이 수련을 제대로 하기가 힘들다. 처음부터 무리하지 말고 10분 정도 연습하다가 차츰 익숙해지면 시간을 늘려가는 게 좋다. 블루아이 수련은 집중력을 높이는 데 도움이 될 뿐만 아니라 머리를 맑고 건강하게 만드는 데도 좋다. 정신 건강은 물론 신체 건강을 위해서라도 꾸준히 하기를 바란다.

할 때까지, 될 때까지, 이룰 때까지!

"기적은 단 한 번의 훈련으로 일어나지 않는다. 수백 번, 수천 번 반복하는 훈련은 물리적인 변화 이상의 것을 가능하게 한다. 눈비 오는 날이나 심한 피로가 느껴지는 날에도 나는 달린다. 자신의 의지가 문제가 되지 않을 때 기적이 일어난다."

'인간 기관차' 라 불리는 체코의 육상 선수 에밀 자토펙의 말이다. 그의 말처럼 어떤 경우라도 끈기와 인내 없이 결과물을 얻을 수는 없다. 상상 훈련은 가능성을 열어주는 것일 뿐, 결실은 끊임없는 노력이 동반돼야 맺을 수 있다.

한번은 모 기업 연수원에서 장기 교육을 진행한 적이 있다. 당시 내가 그곳에 머무르면서 가장 기억에 남는 것은 한 사람을 만난 일이었다. 그는 매일 아침마다 말쑥한 차림으로 연수원 입구에 나와 사람들에게 인사를 했다. 그리고 손에 든 검은 봉지에서 우유를 꺼내 하나씩 건네주었다. 엉겁결에 나 역시 그 우유를 받아들었지만 그의 정체는 도통 알지 못했다.

처음엔 회사 경비원인 줄 알았다. 그래서 며칠은 나도 자연스럽게 우유를 받아 들며 "오늘도 감사합니다. 수고하세요!"라고 인사를 건넸다. 다른 교육생들도 그가 건네는 우유를 태연하게 받아들였던 까닭이다. 그러다 며칠이 지나자 그가 경비원이 아니라는 사실을 알게 됐다. 그는 이른 아침에 우유만 주고 홀연히 사라져버렸기 때문이다.

그래서 다음에는 총무과 직원일 거라 생각했다. 그리고 내심 '직원 복지가 잘된 회사구나' 감탄했다. 공복의 직원들을 위한 회사의 세심한 배려인 줄 알았다. 그런데 이 또한 아니었다. 직원이라 하기에 그는 너무 자유분방했으며, 그를 대하는 교육생들의 태도도 어딘가 어색했다. 무심한 척하거나 못 본 체하기도 하고 몇몇은 귀찮은 듯한 표정도 보였다.

다음 날, 결국 나는 궁금증을 참지 못하고 그에게 물었다. 그날도 어김없이 우유를 건네던 그를 향해 정체를 물은 것이다.

"매번 우유를 주시니 받기는 했는데…… 왜 주시는지? 누구신가요?"

그는 웃으며 명함을 한 장 건넸다. 그 순간 나의 궁금증은 말끔히 사라졌다. 내가 정체를 그토록 궁금해했던 그는 한 보험회사의 설계사였다. 그는 보험 영업을 위해 매일같이 인근 회사를 돈다고 했다. 그러면서 "내가 우유보다 먼저 명함부터 꺼내면 누가 반가워하겠어요? 영업 실적도 중요하지만 저 역시 즐겁게 일하고 싶은 사람입니다"라고 말하며 호탕하게 웃었다.

나중에 교육생들을 통해 그가 오랫동안 우유를 나눠 주는 일을 해왔으며 누구나 아는 유명한 '보험왕'이라는 사실을 알게 됐다. 나는 그를 떠올리며 '그가 보험왕 타이틀을 괜히 얻은 게 아니구나!' 새삼 깨달았다. 한결같이 우직하게 자신의 일을 즐기며 하는 사람을 누가 이길 수 있겠는가?

옛말에 "천재는 노력하는 사람을 이길 수 없고, 노력하는 사람은 즐기는 사람을 이길 수 없다"라고 했는데 그는 노력하면서 즐기는 사람이었다. 그의 이러한 뚝심이 그를 보험왕이라는 최고의 자리에 올려준 것이 틀림없었다.

잘하겠다고 수만 번을 생각한들 현실이 되지는 않는다. 온갖 어려움과 고단함을 이겨내며 '할 때까지, 될 때까지, 이룰 때까지 하자!'는 의지가 있어야 한다. 목표를 완수할 때까지는 어떠한 타협도 해서는 안 된다. 물이 99도로 뜨거워도 100도에 못 미치면 끓지 않는다. 마지막 1도를 올릴 때까지 끈기와 인내를 가져야 마침내 끓어오르는 내일을 만들 수 있는 것이다.

자기 자신에게
프로페셔널이 되라!

일본의 유명한 바이올리니스트인 야사 하이페츠의 말이다. 당대 최고의 음악가였던 그도 항상 성장을 위해 최선을 다했다. 어느 분야든지 최고의 위치에 올라간 사람들은 절대로 적당히 자신과 타협하며 인생을 낭비하지 않는다. 그들은 항상 전력을 다해 자신의 능력을 끌어올리고 끊임없이 집중했다. 그들처럼 자신의 목표를 향해 혼신의 힘을 다한 사람들을 우리는 '프로페셔널'이라고 부른다.

당신은 프로인가, 아마추어인가?

"프로라고 생각하는 사람 손들어보세요."

교육을 진행하면서 이렇게 말하면 손드는 사람들이 거의 없다.

"아마추어인 사람 손들어보세요."

이렇게 말하면 4~5명이 손을 든다.

"나머지 분들은 그럼 뭔가요?" 하고 물으면 답하는 사람이 없다. 답하기조차 곤란스러워 한다.

"나머지 분들은 그럼 세미프로인가요?" 하고 물으면 그제야 우르르 손을 든다. 우리나라 사람들은 앞서는 것도 싫어하고, 뒤처지는 것도 싫어하고, 이도 저도 아닌 그냥 중간에 머물기를 원한다는 것을 보여주는 일례다.

그러면 나는 다시 "진정한 프로는 어떤 사람인가요?"라고 묻는다. 자신이 프로라고 대답한 몇몇 사람들 중에서도 이를 명확하게 설명하는 이는 거의 없었다. 그들은 참의미도 모르면서 자신이 프로라고 생각한 것이다.

우리는 흔히 프로라는 말을 자기가 하는 일에서 뛰어난 성과를 올리거나 전문 지식을 갖춘 인물을 가리킬 때 사용한다. 하지만 그건 프로의 의미 중 일부만을 해석한 것일 뿐이다. 넓은 의미의 프로는 도전적인 사람, 열정이 있는 사람, 변화에 적극적인 사람이다. 즉 불가능을 가능으로 바꾸는 블루마인드의 소유자가 진정한 프로인 것이다.

[표 3-1] 프로와 아마추어의 차이

프로	아마추어
자신과 경쟁	남과 경쟁
알아서 한다	시키면 한다
자신 탓	남 탓
미래에 도전	과거에 집착
실패에 감사	실패에 불만
항상 긍정적	항상 부정적
내가 남을 알아준다	남이 나를 알아주길 원함

프로는 고통을 기꺼이 받아들이며 성공을 향해 전진한다. 당신이 진정한 프로가 되고자 한다면 다음과 같은 자세가 필요하다.

1. 자신과의 싸움에서 이기는 사람이 되어야 한다.
2. 수용적인 사람, 배려하는 사람, 협력하는 사람이 되어야 한다.
3. 과거에 집착하거나 막연한 장밋빛 미래를 꿈꾸기보다는 지금 이 순간 최선을 다하는 사람이 되어야 한다.
4. 절대 강자가 아닌 절대 긍정의 사람이 되어야 한다.
5. 정상을 향해 오르는 사람이 아닌 밑에서 함께 울고 웃고, 나눌 줄 아는 사람이 되어야 한다.
6. 지금의 자리에 안주하는 사람이 아닌 새로운 돌파구를 찾고 창조하는 사람이 되어야 한다.

이 같은 마인드를 가질 때 스스로 프로라 부를 수 있는 것이다.

서로에게 '프로'라는 호칭을 붙여라

프로페셔널이란 호칭은 내가 만난 보험왕처럼 자기 분야에서 최선을 다해 노력하는 사람에게 붙이는 이름이다. 그래서 프로페셔널이란 말은 대단한 자긍심을 불러일으키는 힘이 있다. 또한 프로페셔널이라는 명칭이 붙으면 그렇지 않던 사람도 이에 걸맞은 사람이 되기 위해 노력한다. 그래서 나는 의식교육을 할 때 프로페셔널이란 말을 자주 사용한다.

나는 모든 교육생들에게 '프로'라는 호칭을 붙인다. 그리고 각자 서로를 부를 때 '프로님'이라는 호칭을 사용하도록 시킨다. 그러면 함부로 말하고 행동하던 동료들도 점차 상대방에게 예의를 갖추고 존중하는 모습을 보이기 시작한다. 또한 "프로라는 호칭 덕분에 자신감을 얻고 그동안 잊고 있던 일에 대한 열정도 되살아났다"고 말하는 이도 많았다. 서로 프로라고 칭함으로써 조금씩 긍정적인 변화를 느끼게 되는 것이다.

서로 '프로님'이라고 부르게 한 목적이 바로 여기에 있다. 자신의 가치와 목표를 깨닫고 행동하고, 프로를 의식하며, 진정 프로가 되길 원하고, 프로답게 살아가길 바란 것이다. 그래서 나는 '프로님'이라는 호칭으로 부르는 것과 아울러 다음과 같은 구호도 함께 외쳤으면 한다.

"나는 무엇이든 할 수 있다. 무한한 능력이 내게 있다. 나는 진정한 프로다!"

내가 프로인 이유를 20가지 적어보자.

내가 프로인 이유	
1.	11.
2.	12.
3.	13.
4.	14.
5.	15.
6.	16.
7.	17.
8.	18.
9.	19.
10.	20.

※ 10개 이상 적었다면 대단히 성공적이며 이미 프로에 들어선 것이라 봐도 좋다. 만약 10개 이하라 해도 좌절하지 말고 더욱 노력해보길 바란다. 여기서 중요한 것은 당신 자신의 마음, 생각, 감정, 행동들을 가로막는 장애물이 있지는 않은지 관찰해보는 것이다.

자신이 만든 한계에 갇히지 않으려면

자신의 의식을 부단히 성장시켜야 한다.

의식의 성장은 '긍정적인 사고의 확장'을 의미한다.

그러므로 의식이 성장함에 따라

긍정 에너지는 그만큼 더 강력해진다.

긍정 에너지를 더욱 향상시키는 법

의식을 키우는 '관찰, 성찰, 통찰의 3단계'

여기 착실한 두 직원이 있다. 시키는 것 이상을 하는 A와 시키는 것을 충실히 따르는 B다. 이 둘은 모두 상사의 총애를 받는 직원들이었다.

A는 시키는 업무 외에도 필요한 자료들을 스스로 판단해 알아서 준비했다. 그래서 보고 과정이 조금 더디기는 하지만 더 지시할 일이 없어 편한 직원이었다. B는 시키는 업무를 그때그때 빠르게 준비하여 상사의 마음을 편하게 했다. 다만 첨부할 자료가 있으면 또다시 지시를 해야 하는 번거로움이 있었다. 그러나 둘 다 지시를 잘 따랐기에 상사는 두 직원 모두 각별히 신뢰했다.

하지만 그것도 잠시뿐이었다. 시간이 지나면서 상사의 마음도 한쪽으로 기울기 시작했다. 각자 장단점이 있던 A와 B의 업무 능력이 차츰 차이가 벌어졌기 때문이다. 조금 더딘 업무 처리가 단점이었던 A는 몇 달 사이에 자신의 단점을 완벽히 보완했다. 오히려 B보다 더 빠르고 탁월한 업무 처리 능력을 보여줘 어느 하나 꼬투리 잡을 구석이 없었다.

반면에 B는 A에 비해 점점 뒤처져갔다. 상사가 지시한 업무는 여전히 순종적으로 잘 따랐지만 처리 능력과 능률은 예전만 못했다. 복합적인 업무 수행 능력이 필요한 일을 처리할 때는 버벅거리기 일쑤였고, 지시받은 일 외에는 전혀 신경 쓰지 않았다. 그렇다 보니 그는 '단순 업무형 인간'으로 전락해버리고 말았다.

A와 B의 사내 평판 역시 아주 달랐다. 다방면으로 뛰어난 A는 주변의 부탁에도 친절히 응했다. 덕분에 인기 많은 직원으로 사내 웹진에 소개되기도 했다. 그러나 B는 누군가 도움을 요청하면 이렇게 응수했다.

"그건 C씨가 해야 할 일이잖아요. 자기 일은 자기가 알아서 합시다!"

자기밖에 모르는 B의 태도 때문에 그를 좋아하는 이가 없었다. 그렇다 보니 B가 도움을 받고자 할 때 선뜻 나서서 도와주는 이가 없었다. 어느덧 사내 직원들에게 천덕꾸러기로 낙인찍혀버린 것이다. 그를 두고 사람들은 이런 별명을 지어 부르기도 했다.

'20세기 로봇.'

기능이 단순해 복잡한 일은 처리하지 못하고 인간미가 떨어지는 것을 조롱하는 의미가 담긴 별명이었다. 초반에는 나름 유능한 인재로 상사의 신임까지 얻었던 B가 어쩌다 쓸모없는 사람이 되어버린 것일까?

B를 보면 마치 서커스단의 코끼리 같다는 생각이 들었다. 서커스단의 코끼리들은 조련하기 쉬운 데다가 결코 서커스단의 울타리를 넘지 않는다고 한다. 그저 현실에 안주해버리는 것이다. 그렇다면 어떻게 야생 코끼리들이 사육사의 손에 길들여질 수 있었을까?

그것은 바로 자기의지가 꺾였기 때문이다. 사육사들이 코끼리를 길들이는 방법은 간단하다. 의지를 꺾어버리는 것이다. 일단 새끼 코끼리를 잡으면 얼마간 밧줄에 묶어둔다. 그러면 새끼 코끼리는 한동안 그곳을 벗어나려고 발버둥을 친다. 하지만 힘이 약해 밧줄을 끊지 못하고 번번이 주저앉고 만다.

이렇게 발버둥 치다 주저앉는 경험이 여러 차례 반복되면, 새끼 코끼리는 결국 탈출을 포기하고 환경에 적응하고 만다. 즉 한계를 인식하게 되는 것이다. 그래서 덩치가 자라고 힘이 강해져도 벗어날 생각을 전혀 하지 않는다. 조금만 힘을 쓰면 밧줄을 끊고 자유로워질 수 있는데도 말이다. 심지어 밧줄을 풀어줘도 도망가지 않는다. 이미 코끼리의 의식이 '밧줄'이라는 한계에 꽁꽁 묶여 있기 때문이다.

B 역시 그런 꼴이었다. 주어진 것에만 순응하고 그 이상의 것을 하려 하지 않았기에 좀체 앞으로 나아가지 못한 것이다. 자기가 만

든 한계에 스스로 갇혀 더 이상 성장할 수 없었다. 따라서 한때 상사의 충직한 도구는 될 수 있었지만, 자기의지대로 능력을 펼치지도 향상시키지도 못했다. 결국 한계에 머무는 시간 동안 도구는 낡고 닳아버린 것이다.

아무리 몸이 자라고 나이를 먹는다 해도, B처럼 자기가 만든 한계에 갇히면 우리는 자기의지대로 삶을 꾸려갈 수 없다. 자신이 설정해놓은 한계를 극복하는 일이 지식이나 경험을 쌓는 일보다 개인의 발전에 훨씬 더 지대한 영향을 미치기 때문이다.

자아를 인지하는 훈련이
의식을 성장시킨다

자신이 만든 한계에 갇히지 않으려면 자신의 의식을 부단히 성장시켜야 한다. 의식의 성장은 '긍정적인 사고의 확장'을 의미한다. 그러므로 의식이 성장함에 따라 긍정 에너지는 그만큼 더 강력해진다.

의식은 사고(생각)와는 다르다. 의식은 머리만이 아니라 마음을 통해 얻는 깨달음이라서 의식을 성장시키려면 꾸준히 자기내면을 인지해야 한다. 그래서 자신을 관찰하고, 성찰하고, 통찰하는 3단계 과정이 의식 성장에 기여한다. 이 세 가지 방법은 따로 배워서 얻는 것이 아니다. 자신의 내면에 조금만 집중하면 누구나 쉽게 습득하고 체험할 수 있다.

관찰은 '인정'이다. 있는 그대로 나와 상대방을 인정하는 것이다. 기분이 좋다, 나쁘다, 화난다, 슬프다, 행복하다 등과 같이 모든 상태 자체를 인정하면 된다. 감정과 사건을 동시에 보고 누가 '옳고 그르다'를 평가하는 것이 아닌 그저 관찰만 하는 것이다.

관찰은 우선 자기 자신부터 해야 한다. 먼저 특정 상황에 놓일 때 자신이 어떤 말과 행동, 감정을 보이는지 지켜본 다음에 상대방을 관찰하는 것이 좋다. 상대방이 어떤 말과 행동, 감정 상태를 보이는지 잘 관찰하다 보면, 서로를 이해하는 순간이 찾아온다. 이것이 첫 번째 의식 성장이다.

한때 나도 관찰하기를 통해 부정적인 상황을 극복한 적이 있다. 오래전 내가 은행원으로 일할 때 유독 얄미운 동료가 한 명 있었다.

그녀는 내가 문서를 건네며 전산 입력을 해달라고 요청하면 바로 해주지 않고 항상 미루었다. 다른 업무를 하다가 "다 했느냐?"고 물으면 그제야 "지금 할게요"라고 대답하곤 했다. 항상 그런 식으로 일을 처리하는 바람에 고객은 업무 처리가 느리다고 불평하고, 상사는 내게 "그것 하나 아직 처리 안 하고 무엇했느냐"고 질책했다. 그런데도 그녀는 "나는 일 안 하고 놀고 있느냐"며 말끝마다 토를 달았다. 그런 일이 반복되자 그녀를 보기만 해도 하루 종일 기분이 언짢았다.

사실 이런 내 기분을 아는 사람은 없었다. 겉으로 표현하지 않았기에 그녀 역시 몰랐을 것이다. 나 혼자서만 한 달 가까이 속을 끓였다. 그러다 보니 어느 날은 이런 생각도 들었다.

'이러다 나만 속병 나는 거 아냐? 한번 버럭 화를 내고 풀어버릴까?'

계속해서 부정적인 감정을 끌고 갈 수는 없는 노릇이었다. 그래서 얼마간 나는 그녀를 뚫어지게 지켜보았다. 그러고는 내심 '어떻게 내 감정을 풀까?' 이런저런 궁리를 했다. 한동안 남몰래 그녀를 관찰하면서 나는 이상한 마음이 들었다. 어느 순간 나도 모르게 그녀가 측은해지기 시작한 것이다. 나약한 그녀의 모습도 관찰하고, 억센 아줌마 근성도 관찰하고, 수줍은 모습도 관찰하면서 한편으론 '내가 그녀를 오해하는 부분은 없었을까?' 고민하게 된 것이다. 그러면서 여러 생각이 들었다.

'참! 그녀도 여자지. 한 남자의 사랑스런 아내고, 한 아이의 소중한 엄마일 텐데……. 내가 뭐라고 그녀를 미워하지?'

그간의 나의 행동이 도무지 이해되지 않았다. 그녀도 누군가에게 필요하고 귀한 존재인데 내가 함부로 무시했다는 게 무척 부끄러웠다. 표현은 하지 않았지만 마음속으로 미워했다는 사실마저 사과하고 싶을 정도였다.

이 경험을 계기로 나는 단편적으로 사람을 보거나 함부로 평가하는 일을 멈추었다. 대신 나와 상대방을 관찰하는 일에 더욱 집중했다. 관찰하기는 나와 타인의 모습을 더 깊이 깨닫는 새로운 시각을 제공한다. 이로써 우리는 서로를 이해하고 포용해가는 긍정적 경험을 하게 된다.

2단계, 본래의 자신을 성찰하라

성찰은 '분리'다. 사건과 감정을 분리하여 바라보는 것이다. 가령 어떤 사건이 생겼을 때 우리는 그것에 대해 먼저 감정적으로 반응한다. 그러다 보니 작은 사건도 커지고 불안과 불편한 상황을 연속적으로 겪게 되는 것이다. 이러한 고리를 끊는 것이 바로 성찰이다. 감정을 사건과 분리하여 바라보는 연습을 통해 감정적 문제에 초연해지고 마음의 평화를 얻는 방법이다. 즉 성찰은 우리의 마음을 평화의 상태, 사랑의 상태로 변화시킨다.

우리는 시시때때로 감정에 휩싸이는 사건을 겪는다. 언젠가 너무나 황당하게 욕을 먹어 적잖이 놀란 적이 있다. 당시 중요한 클라이언트와 동행하던 나는 동승자를 내려주어야 했기에 도로변에 잠시 차를 세웠다.

한적한 도로변에 차를 세우고 그와 작별을 하려던 순간 사건이 벌어졌다. 어디선가 "빠아~앙!" 날카로운 경적 소리가 울리더니 택시 한 대가 우리에게 다가왔다. 그러더니 다짜고짜 나에게 험한 욕을 하며 지나가는 것이 아닌가. 아무런 잘못도 하지 않았는데 뜬금없이 얻어맞은 것이다.

나는 잠시 너무나 어이가 없고 황당한 기분이 들었다. 하지만 이

내 괜찮아져 동승자를 살펴보았더니 화가 많이 난 듯 얼굴이 이미 붉게 달아올라 있었다. 그는 나보다 더 화를 내며 말했다.

"뭐, 저런 사람이 다 있어. 성깔 진짜 더럽네! 아니, 원장님은 화도 안 나세요? 왜 가만히 계세요? 나 같으면 같이 욕이라도 하겠는데……."

물론 나 역시 자존심 상하고 충분히 화를 낼 만한 일이었다. 더욱이 중요한 클라이언트도 있는데 어떻게 아무렇지 않을 수 있을까? 그렇지만 내가 같이 화를 낸다고 해서 있던 일이 없어지거나 달라지는 것은 아니다. 이런 상황에서 부정적인 감정을 갖는 것은 오히려 내 손해일 뿐이다.

그래서 나는 사건과 감정을 따로 분리하여 생각하는 데 집중했다. 마치 나의 일이 아닌 것처럼 제3자의 입장에서 사건을 바라본 것이다. 그렇게 상황을 떼어놓고 보니 내 안의 불편했던 감정이 사라지고 도리어 상대방이 걱정되었다. 내게 욕을 하고 간 택시 기사의 차에 오를 승객이 걱정되기도 했다. 무슨 사연인지는 모르나 택시 기사 역시 나처럼 '사건과 감정을 분리하여 바라보는 안목'이 있었더라면 그렇게 화를 내지는 않았을 텐데, 참으로 아쉬운 상황이었다.

3단계, 사물의 본질을 통찰하라

통찰은 '하나'다. 전체를 이해하는 직관력을 의미한다. 즉 순수하게 모든 상황이나 문제의 본질을 파악하고 수용하는 것이다. 통찰의 상태에서는 관념에 막혔던 한계가 사라지고, 부정적인 감정이 정화되어 긍정만이 남는다. 완벽한 블루마인드의 자세가 되는 것이다.

통찰은 자기관찰, 성찰, 자유연상이 종합되어야 얻을 수 있다. 먼저 자신을 1인칭으로 바라보는 관찰의 단계가 지나면서 성찰로 3인칭의 시각까지 터득하면 자연스레 통찰의 단계에 들어간다. 이때 마음에 떠오르는 생각을 자유롭게 연상하는 자유연상을 통해 자신을 무인칭으로 바라보는 훈련을 실시한다. 훈련법을 자세히 소개하면 다음과 같다.

자신을 무인칭으로 바라보는 훈련법

나 자신을 객관적으로 바라보고 제3자로 인식한다. 가령 화가 났을 때 "나는 ○○ 때문에 화가 난다"는 1인칭 시점을 3인칭 시점으로 바꾸어서 "그는/그녀(또는 자신의 이름)는 ○○ 때문에 화가 난다"고 말하는 것이다. 불편한 감정을 3인칭으로 소리 내어 말하는 습관을 길러보도록 하자. 입 밖으로 소리 내어 말하면 효과가 더욱 커진다.

이러한 3인칭 관찰에서 인칭을 뺀 것이 무인칭 관찰이다. 인칭이 사라지면 감정만 남는다. 인칭 없이 감정은 홀로 힘을 내지 못한다. '나는/그는 슬프다'에서 인칭을 빼면 그저 '슬픔'만 남는 상태가 된다. ‘슬픔’을 객관적인 시각으로 계속 소리 내어 말하면, 몇 번 말하기도 전에 슬픔의 감정이 감쪽같이 사라진다.

자기관찰만 제대로 한다면 어떤 감정도 90초 이상 생존하지 못한다. 간혹 자기관찰을 하는 사람들 중에 몇몇은 관찰할 때만 편안함을 느낀다고 한다. 그런 후에는 다시 더 격한 감정에 휘둘린다는 것이다. 하지만 그 또한 염려할 필요가 없다.

몇 년간 제대로 사용하지 않던 몸을 갑자기 움직이면 어떻게 될까? 한동안 극심한 근육통에 시달리게 된다. 자기관찰도 마찬가지다. 자기관찰은 내면의 근육을 단련시키는 일이다. 당연히 초반에는 심한 거부감과 짜증, 조바심, 걱정이 든다. 그러나 꾸준히 연습하다 보면 마음의 근육이 붙고 힘이 생겨난다.

그때 비로소 감정에 휘둘리지 않는 자아가 완성된다. 자신의 감정에서 자유로워질 때 우리에게 통찰의 눈이 생긴다. 즉 옳고 그름, 부정과 긍정이 사라지고 모든 것이 통합되는 세계가 펼쳐진다. 이때 우리의 의식이 비약적인 성장을 하게 되는 것이다.

긍정 에너지를 키우는 작은 성취감

요즘 사람들은 '성공'이라는 잣대로 인생의 가치를 판단하려는 경향이 강하다. 사회적인 성공이 마치 인생의 성공처럼 곧잘 포장되기도 한다. 하지만 강연장에서 직접 사람들과 소통하다 보면 이들이 성공이라는 개념을 상당히 오해하고 있다는 걸 알 수 있다.

가령 내가 "성공하면 행복해질 가능성이 높을까요?"라고 물으면 사람들은 대답을 머뭇거린다. 대신 "행복하면 성공할 가능성이 높을까요?"라고 바꿔 질문하면 바로 "네"라고 대답한다. 그 이유를 물으면 "긍정적으로 일을 하니까" "기분이 좋으면 인상도 좋아지니까" "힘이 생기니까" 같은 상식적인 답을 내놓는다. 이는 모든 이들이 행복이 성공으로 이끄는 에너지임을 알고 있다는 것을 의미한다.

따라서 인생의 성공을 위해서는 행복을 우선시해야 한다. 즉 긍정 에너지를 삶에서 자주 공급받아야 하는 것이다. 그렇다면 우리는 어디서 긍정 에너지를 얻을 수 있을까?

창의성 연구로 유명한 하버드 대학의 테레사 애머빌(Teresa Amabile) 교수와 스티븐 크레이머(Steven Kramer)가 함께 한 연구는 그 물음에 대한 답을 제시한다. 그들은 북미 지역의 기업 7곳에서 일하는 전문 인력을 대상으로 '무엇이 삶에 동기부여가 되는지' 알아보는 연구를 실시했다. 그리하여 1만 2000여 건의 자료를 분석하여 정리한 결과, '자신이 하는 일에서 진전이 있었을 때' 가장 크게 동기부여를 받는다는 사실을 발견했다. 즉 어떠한 일에서 성취감을 느꼈을 때를 꼽은 것이다.

결국 성취감이 목표를 향해 나아가게 하는 긍정적인 힘이 된 것이다. 이는 행복과 긍정 에너지가 성취감과 연결되어 있다는 것을 보여주는 사례이기도 하다.

실제로 심리학에는 '승자 효과(winner effect)'라는 것이 있다. 사소한 일이라도 내가 이루었다는 성취감을 느낄 때 뇌에서는 남성호르몬인 '테스토스테론'이 분비되며, 이러한 성공 경험이 많을수록 더 큰 성공을 이루기 쉽다는 이론이다. 그리하여 성취감이 쌓이면 쌓일수록 '이렇게 하면 되는구나! 나도 할 수 있구나'라는 긍정 에너지와 자신감을 함께 얻는다는 것이다.

성취감이 긍정적으로 작용하는 사례는 내 주변에서도 찾아볼 수 있다. 현재 나와 함께 일하고 있는 한 여직원은 회사에 입사할 당시 기획안이라는 걸 보지도 못한 사회 초년생이었다. 나름 곁눈질한 실력으로 흉내를 내보기는 했지만 실전에서 사용하기에는 부족한 면이 많았다.

그런데도 나는 그녀의 기획안을 함부로 평가하지 않았다. 매일 야근하다시피 하며 기획안 작성에 공을 들인 것을 누구보다 잘 알았기에 그녀가 기획안을 들고 올 때면 항상 이렇게 말해주었다.

"좋은데, 수고했어. 여기 이런 부분만 좀 더 보강하면 더욱 좋아지겠는데."

나는 그녀의 모자란 실력을 꾸짖기보다 대신 개선해야 할 부분을 늘 조심스레 살펴주었다. 그렇게 몇 차례 지나다 보니 점점 조언해주는 횟수도 줄어들었다. 그러던 어느 날이었다. 이번에도 별다른 기대 없이 기획안을 받아 든 나는 깜짝 놀라지 않을 수 없었다. 그녀의 기획안이 어디 하나 흠잡을 데 없이 완벽한 것이 아닌가! 도무지 그녀가 작성한 것이라곤 믿기지 않을 정도였다. 나는 이 놀랄 만한 성장세의 이유를 묻지 않을 수 없었다.

"제 기획안이 많이 부족한데도 대표님께서 칭찬해주시니까 기분이 좋고 뿌듯하더라고요. 제가 뭔가 하고 있구나 싶고. 그래서 '다음에는 더 잘해야지' 마음을 먹었죠. 그다음부터 기획안을 작성하는 일이 하면 할수록 재미있어지던데요."

그녀의 대답은 명쾌했다. 비록 완벽한 기획안은 아니었지만 그녀는 그것을 하나하나 완성할 때마다 성취감을 느낀 것이다. 그 성취감 덕분에 이제 그녀는 우리 회사에서 빼놓아서는 안 될 인재로 확실히 성장했다.

이처럼 스스로 성취감을 맛보고 일의 진전, 개인의 성장을 경험하는 횟수가 많아지면 자신감을 얻는 동시에, 문제에 긍정적이고 능동적으로 대응하게 된다. 따라서 진취적인 삶의 자세가 만들어지고, 또 다른 성공의 기회도 많아진다. 성취감이 긍정 에너지를 향상시키는 좋은 영양분인 것이다.

단계별 목표로 성취감을 올리자

일을 하면서 성취감을 얻고자 한다면 작은 목표를 세워 차근차근 달성해가는 것이 좋다. 커다란 성공도 그 과정을 들여다보면, 매 순간순간의 사소한 성공으로 이루어져 있다.

흔히들 등산하는 과정을 인생에 비유하곤 한다. 산의 정상이라는 높은 목표를 향해 우리는 한 걸음씩 작은 걸음을 옮긴다. 오르막길에서는 쉬기도 하고 돌부리에 걸려 잠시 휘청거리기도 하면서, 우리는 그때그때의 고비들을 넘기며 산의 정상을 향한다. 그러다 보면 어느새 정상을 만나게 되는 것이다.

이처럼 인생의 목표도 높은 정상과 같다. 진심으로 원하는 것은 단기간에 이룰 수 없다. 무거운 한 걸음을 내딛듯이 단계별 목표를 꾸준히 달성해야 커다란 비전도 완성할 수 있다. 이러한 높은 단계로의 전진을 가능케 하는 힘이 바로 성취감이다. 단계 단계마다 성취감을 느끼면서 우리는 더 큰 미래를 그릴 수도 있는 것이다. 따라서 성취감을 자주 느낄 수 있게 목표를 설정하는 것도 비전을 달성하는 좋은 전략이다.

첫째, 단계별로 목표를 세분화하라

하나의 커다란 목표를 쪼개어 단계별로 설정하면 한 단계 한 단계 목표를 달성할 때마다 성취감을 만끽할 수 있다.

예컨대 '토익 900점'이 최종 목표라 치자. 처음부터 900점을 목표로 잡았다가 그에 못 미치면 지치고 포기하기 쉽다. 하지만 자신의 현재 수준에 맞춰 목표를 단계적으로 설정하면 공부 의욕을 끌어올리고 희망을 얻을 수도 있다. 예를 들어 550점, 600점, 700점 등으로 조금씩 목표치를 올려 잡는 것이다. 그리고 그 목표에만 집중하여 달성하면 된다.

다만 여기서 주의해야 할 점은, 단계별 목표가 어느 정도 달성되면 목표를 점차 상향해서 설정해야 한다는 것이다. 계속 같은 수준으로 설정하면 더 큰 성장을 이룰 수 없다.

지금껏 해온 대로만 해도 쉽게 달성할 수 있는 것은 목표라고 할 수 없다. 그렇다고 처음부터 '나는 안 되는구나!' 라며 좌절하고 포기하게 만드는 너무 무리한 목표를 세우는 것도 바람직하지 않다.

처음에는 지금보다 조금 더 노력하면 달성 가능한 목표를 세우고, 그다음에는 목표치를 10~20% 늘려가는 것이 좋다. 그렇게 3~4회 정도 성취감을 경험한 후에는 과감하게 목표치를 50~100% 상향해서 도전해야 한다.

이때 한 가지 주의할 점은 성취감을 만끽하되 그것에 도취되어서는 안 된다는 것이다. 꾸준히 얻는 작은 성취감에 도취되면 그것 또한 금방 관념으로 바뀐다. 그 관념이 굳어지기 전에 과감하게 깨는 것이 중요하다. 목표를 세분화하는 것은 그 틀을 깨는 초기 단계로서 의미가 있는 것이다.

둘째, 작은 목표 달성 시 스스로를 칭찬한다

작은 목표를 달성하면 자신에게 칭찬을 아끼지 말자. 칭찬을 통해 스스로 자신감을 찾고 용기를 얻을 수 있다. 칭찬을 할 때는 현재 달성하고자 하는 목표에 초점을 두어 명확하게 인식시키도록 해야 한다.

가령 회사에서 어떤 목표를 정해 그것을 달성했다고 치자. "정해진 날짜에 기안을 맞춰 다행이야. 정말 잘했어!", "프레젠테이션을 실수 없이 끝마쳤네. 나는 역시 멋져!"처럼 무엇이 목표였는지 밝히며 과하다 싶을 정도로 '셀프 칭찬' 하는 것이 좋다. 그리고 목표를 달성한 사실을 기록하고, 그다음 목표를 달성하면 어떻게 나를 칭찬할 것인지 반드시 적어두자. 그래야 자신이 어떤 이유로 성취감을 느끼는지 확인하고 인지할 수 있다.

셋째, 목표 달성이 힘이 들 땐 나만의 이벤트를 하라

사회생활을 하다 보면 힘겨운 목표를 달성해야 할 때도 있다. 가령 익숙하지 않은 업무나 지금껏 해온 일보다 훨씬 어려운 일을 맡아서 해내야 하는 상황에서는 일도 손에 익지 않고 자신감도 떨어져서 목표를 완수하기가 쉽지 않다.

이렇게 힘겨운 목표에 도전할 때는 자신만의 이벤트를 계획하여 스스로의 노력에 보상하는 것이 좋다. 노력에 대한 실질적인 보상이 때론 긍정적인 감정을 이끌어낸다.

예를 들어, 목표한 일을 단계별로 나누어 한 단계 한 단계 달성할 때마다 자신에게 선물을 주는 방법도 좋다. 평소 본인이 받고 싶어 하는 선물 목록을 정리해둔 다음 목표를 달성했을 때 그 보상으로 스스로에게 선물을 주는 것이다. 이렇게 혼자만의 이벤트를 기획하여 스스로 격려하면 선물을 받는 기쁨이 성취감으로 바뀐다. 그러다 점차 시간이 지나면 성취감 자체를 즐기게 되어 물질적 보상 없이도 자신의 계획을 끌어가는 힘이 생긴다.

요컨대 목표는 달성 가능해야 의욕도 생긴다. 너무 원대한 목표에만 집중하면 쉽게 지치고 포기하게 된다. 그러니 목표는 단계별로 설정하고, 한 단계 한 단계 목표를 달성해갈 때마다 자신을 칭찬하고, 특히 어려운 목표에 도전할 때는 이벤트를 기획해서 자신을 격려하고 성취욕을 불러일으키도록 하자.

자신의 장점을 소유하라

인간은 자신의 잠재력을 평생 5%도 쓰지 못한다고 한다. 그렇다면 우리는 왜 95%라는 어마어마한 잠재력을 낭비하는 것일까?

학자들은 그 원인 중 하나로 '단점만 보는 시각'을 꼽는다. 오래 전부터 인간은 생존경쟁을 피할 수 없었다. 살아남기 위해서는 상대방을 공격하고 억압하는 능력이 뛰어나야 했다. 그렇게 상대방을 공격하는 능력이 실력으로 인정받던 시기를 살아오면서 인간은 한 가지 능력을 키웠다. 바로 단점을 찾는 안목이다.

상대방의 단점을 찾아 공격하고 나의 단점을 찾아 보완해야 했기에 단점을 찾아내는 능력이 가장 발달했고, 다른 잠재력은 우선순위에서 밀리게 되었다.

오랜 세월 인간의 의식을 지배해온 이러한 생존 방식이 오늘날에도 여전히 남아 있다. 그래서 우리는 자연스레 장점보다는 단점에 더 신경 쓰게 된다. 상대방뿐만 아니라 자기 자신을 바라볼 때도 단점을 부각해서 본다. 그러면서 자신의 단점이 상대에게 노출될까 전전긍긍하고 감추는 데 급급하다. 마치 그것이 자신의 치명적인 흠인 것처럼.

하지만 단점이란 작은 티끌에 불과하다. 오히려 단점은 자신의 새로운 장점을 찾게 해주기도 한다.

사실 나 역시 신경 쓰이는 단점이 있었다. 누군가와 대화 후 그것을 제대로 기억하지 못하는 일종의 건망증이었다. 대화 내용을 기억하지 못하니 다음 대화에 애를 먹은 적도 한두 번이 아니다. 그래서 한동안 남들과 대화할 때 무척 예민하게 굴었다. 혹시나 내가 어수룩하게 보이지는 않을까 불안했기 때문이다.

그러다 보니 대인관계도 삐걱거릴 수밖에 없었다. 타인과 만남을 꺼리게 되고, 약속을 하더라도 마지못해 나가니 진솔한 관계를 맺기 힘들었다. 사업을 하는 사람으로서 여간 곤란한 일이 아니었다.

'그래, 건망증을 극복해보자!'

한때는 단점을 없애고자 대화할 때 더 많이 몰두했다. 하지만 그럴수록 상황이 더욱 나빠졌다. 건망증을 의식하고 신경 쓰다 보니 대화 내용이 예전보다 더 기억나지 않는 것이었다. 감추려고 했던 단점이 오히려 더 부각된 꼴이었다.

'상황이 이런데 굳이 숨길 게 뭐가 있나. 앞으로는 모르면 모른다, 알면 안다 솔직해지자.'

이제는 감출 여력도 없었다. 솔직히 건망증이 잘못은 아니지 않은가! 그것도 나의 일부일 뿐이다. 순순히 이것을 인정해버리자 그때부터 변화가 찾아왔다.

더 이상 신경 쓰고 감출 것이 없다고 생각하니 먼저 마음이 후련해졌다. 마음이 편안해지자 순간적인 영감이 잘 떠올랐다. 강의를 할 때면 나도 모르게 즉흥적인 이야기가 흘러나오고 더 열변을 토하게 되었다. 그만큼 자신감도 커졌다. 도리어 부끄럽게 여겼던 단점이 있어서 다행이란 생각까지 들었다.

'단점이 나쁜 것만은 아니구나. 모든 사실을 기억하는 일이 나에게 불필요했던 거야.'

영감을 중요시했던 내게는 기억을 잘 못한다는 단점이 오히려 장점이었다. 내가 문제로 삼았기에 단점으로 생각됐던 것뿐이다. 결국 단점과 장점은 따로 있지 않다. 내가 어떤 시선으로 보느냐에 따라 달라질 뿐.

그러므로 단점을 그저 나쁘게만 보지 말자. 단점이 장점이 되는 순간이 올 수도 있고 의외의 장점을 발견하는 기회를 제공할 수도 있다.

아마 누군가 당신의 눈에 완벽한 사람으로 보인다면 그는 단점을 극복한 사람일 것이다. 단점을 극복하려면 단점을 오히려 장점으로 여기거나 나만의 장점을 찾아 그것을 더욱 가꾸면 된다.

단점을 장점으로 보는 것은 여간 어려운 일이 아니다. 왜냐하면 스스로 인정하기가 쉽지 않기 때문이다. 또한 자신의 단점을 인정하는 것은 자존심이 상하는 일이기도 하다.

그렇지만 장점을 찾으려면 먼저 단점을 인정해야 한다. 단점을 인정하면 나의 평범함이 보인다. 그리고 그 평범함 속에서 장점이 보이고, 그것을 활용할 방법을 찾게 되는 것이다.

인간은 누구나 세 가지 능력을 가지고 태어난다고 한다. ❶은 모자란 능력(단점), ❷는 평범한 능력, ❸은 탁월한 능력(장점)이다. 우리가 발견하고 개발해야 하는 것은 ❸의 능력이다. 그러기 위해서는 먼저 내가 세 가지 능력을 모두 가지고 있다는 것부터 인정해야 한다.

처음 회사를 설립하고, 교육 수주를 위해서 동분서주할 당시 모 기업에서는 프레젠테이션을 세 번이나 한 후 겨우 통과가 되었다. 회사 규모가 너무나 작고 이름도 경험도 없다고 여겼는지 회사 방문 시 팀장은 인사를 해도 못 본 체했다. 최종 결재 과정에서도 상무는 "당신의 이력이 돋보이지 않아서 어떻게 될지는 모릅니다"라고 나의 단점을 지적했다.

그 자리에서 나는 흔쾌히 나의 단점을 인정했다.

"네, 인정합니다. 알고 있습니다."

당시 나는 교수도 아니고, 박사도 아니고, 유명한 강사도 아니고 너무나 평범한 교육컨설팅사의 사장일 뿐이었다. 그렇게 단점을 인정하니 마음이 홀가분했다. 또한 평범한 강사가 탁월한 효과를 내려면 어떻게 해야 할지 고민을 거듭하게 만드는 동기가 되었다.

그 덕분에 교육을 더욱 알차고 철저하게 준비할 수 있었고, 그래서인지 회사의 규모와 나의 이력 때문에 교육 능력에 의문을 표했던 사람들도 차츰 태도를 바꾸었다. 2차에 교육을 수료한 교육 팀장은 전과는 달리 호칭과 인사가 깍듯하게 바뀌었다. 나이가 지긋한 한 교육생은 마지막 인사 자리에서 나를 끌어안으면서 "좋은 말씀 덕분에 큰 도움이 되었습니다. 존경합니다"라고 말했고, 어떤 차수에서는 헹가래까지 해주었다.

이렇게 단점을 인정하면 평범함이 보이고, 그 평범함을 깨기 위해 스스로 자신의 탁월함을 찾고 그것을 발휘할 방법을 찾게 되는 것이다.

자신의 모습을 호불호로 판단하지 않는다

나 자신을 본래 모습 그대로 인정하는 자세가 필요하다. 자신에게 불만이 있는 사람은 결코 탁월한 능력을 발휘하기 어렵다. 자신에게 불만이 있으면 의식이 한계에 막혀 성장하지 못한다.

자신을 관찰하다 보면 인간이기에 부족한 면들이 보일 것이다. 그러면 마음속으로 이렇게 이야기해보자.

"나는 나의 부족한 점을 인정한다. 그러나 내가 부족하다고 해서 가치 없는 인간이 되는 것은 아니다."

이렇게 자기내면을 포용해야 자격지심에서 벗어날 수 있다. 자신이 먼저 자신을 사랑하고 인정할 때 비로소 타인의 인정도 받을 수 있는 것이다.

타인과 다름이 곧 장점이 된다

남들과 비교하지 말고 다른 점을 찾도록 하자. 항상 나를 남들과 비교선상에 놓고 저울질하면 결코 자신의 탁월한 능력을 발견하기 힘들고 오히려 자신의 단점만 눈에 들어온다. 따라서 남과 비교하는 습관을 버리고 다른 점을 찾는 데 집중해야 한다.

아주 사소한 것도 좋다. 남들보다 '키가 크다, 목소리가 독특하다, 손이 크다, 엉뚱한 상상을 자주 한다, 잘 웃는다, 술을 잘 마신다, 친절하다' 등등 시시콜콜한 것도 빼놓지 말고 적어보자. 그러다 보면 그중에서 자신의 마음에 드는 좋은 점을 발견할 수 있다. 그것을 장점으로 삼고 자신만의 개성이 될 수 있는 강점으로 키우는 데 집중하면 되는 것이다.

자신의 장점에 몰입해라

세상에서는 한 가지 장점을 잘 살린 사람이 인정받는다. 자신의 장점을 잘 살려 그 분야의 프로가 되면 성공은 자연스레 따라온다. 따라서 내 장점에 더 관심을 기울이고 그에 맞는 다양한 체험을 해보면서 장점을 키우는 것이 좋다.

장점은 이미 잠재적인 긍정 에너지를 가지고 있다. 이 긍정 에너지를 발산할 계기만 만들어진다면 그것이 우리를 폭발적인 성장과 변화로 이끈다.

물론 내 장점을 살린 전문가가 된다고 해서 명예와 부가 자연히 따라오리란 보장은 없다. 하지만 내가 좋아하는 일을 하며 그 분야의 전문가가 된다면 진정 행복한 인생 아닐까? 행복한 인생이야말로 억만금을 주고도 살 수 없는, 그 어떤 것보다도 가치 있는 것이다.

자신의 가치를 의심하지 마라

1969년 스탠포드 대학의 필립 짐바르도(Philip Zimbardo) 교수가 인간의 심리를 들여다보는 흥미로운 연구를 진행했다. 짐바르도 교수는 치안이 허술한 곳에 두 대의 차량을 놓아두었다. 같은 차종을 똑같은 모습으로 방치해두고 사람들이 어떤 반응을 보이는지 살펴보았다.

10여 분의 시간이 흐르자 그동안 멀쩡하던 두 차량에 조금씩 변화가 나타나기 시작했다. 누군가 B차량에 접근하더니 자동차 배터리를 훔쳐 가버린 것이다. 잠시 후에는 B차량의 타이어를 모두 가져가버렸다.

그리고 얼마 더 시간이 지나갔다. 정장 차림의 남자가 B차량을 향해 발길질을 퍼붓고 사라졌다. 그렇게 몇몇이 더 B차량에 화풀이를 해댔다. B의 수난사는 이걸로 끝이 아니었다.

또 며칠이 지났다. B차량 주변에 온갖 쓰레기가 쌓였고, 낙서와 상처가 생겨 곳곳이 파괴됐다. 일주일 후에는 마치 절벽에서 구르기라도 한 것처럼 처참한 모습이 되었다. 반면 A차량은 원래 모습 그대로였다.

사람들은 왜 일방적으로 B차량에만 부정적인 반응을 보였을까? 그것은 아주 근소한 차이 때문이었다. 짐바르도 교수는 똑같은 모습의 A와 B차량에서 딱 한 가지 다른 점을 만들어놓았다. 바로 B차량만 살짝 유리창을 깨어놓은 것이다. 그 사소한 차이가 이토록 엄

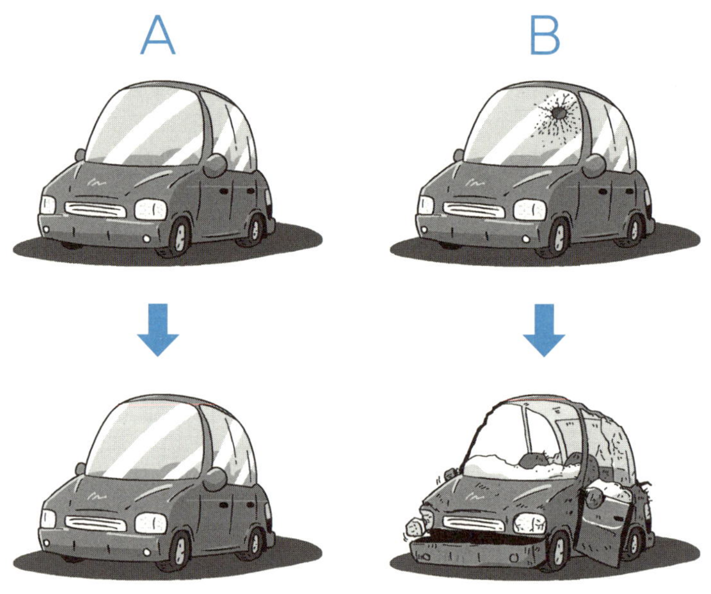

사소한 차이가 엄청나게 다른 결과를 만들어낸다.

청나게 다른 결과를 만들어낸 것이다. 이것을 바로 '깨진 유리창의 법칙'이라 한다.

사람들은 깨진 유리창으로 인해 B차량이 가치 없다고 판단했다. 아무래도 주인 없는 차량이라는 인식이 A보다 강했던 모양이다. 그래서 함부로 생각하고 거리낌 없이 부도덕한 행동을 했다. 주인의식이 없다는 건 이처럼 대상의 가치를 폄하하는 데 결정적인 작용을 한다.

이는 사람도 마찬가지지 않을까? 자존감이 부족한 사람은 주변 사람들에게도 그다지 가치를 인정받지 못한다. 아무리 뛰어난 능력이 있다 해도 스스로를 폄하하는 사람에게 존중하는 마음이 들기란 어렵다. 오히려 능력을 이용하거나 헐뜯는 사람이 생겨나면 모를까.

실제로 그런 예가 있었다. 겉모습이 멀쩡한 한 직장 여성이 상담 중에 자주 이런 말을 했다.

"제가 회사에 별로 도움이 안 되는 것 같아요. 다들 저에게 잘한다고는 하는데 그냥 겉치레인 것 같고……. 제가 정말 잘하는지 자꾸 의심이 들어요."

나는 그녀의 걱정을 풀어줄 겸 회사 내 그녀의 평판을 물어보았다. 회사 동료들이 생각하는 그녀는 아주 뛰어난 우수 사원이었다. 근무 자세도 착실하고 실력도 동기들에 비해 월등하다고 했다. 그래서 나는 내심 그녀가 자랑삼아 겸손을 떤 것은 아닌가 싶었다. 그런데 몇 번 더 지켜보니 그녀는 진짜 자신의 능력을 의심하고 스스로를 탓하는 버릇이 있었다. 그렇다 보니 주변 동기들은 그녀에게 "또 착한 척이야!", "잘난 척도 가지가지다" 같은 비아냥거리는 말을 하곤 했다.

사실 내 눈에도 그녀의 지나친 자기비하가 거슬렸다. 아무리 능력이 뛰어나다 해도 스스로 의심하고 평가절하하면 자신의 능력을 제대로 인정받기 힘들다. 그것은 깨진 유리창처럼 자신을 흠집 내는 일이기 때문이다.

따라서 먼저 자신의 가치를 의심하지 말아야 한다. 자신의 가치를 의심하는 것은 곧 자기의 모든 것을 부정하는 것과 같다. 그런 사람을 누가 신뢰하고 존중해줄까? 이런 상태에서는 아무런 발전도 성공도 기대할 수 없다.

스스로 만든 가치가 영향력을 키운다

자신을 형편없이 생각하는 사고가 자신을 진짜 형편없게 만든다. 가치란 다른 사람의 평가나 소유한 물건에 의해서 정해지는 것이 아니라 자신이 만들어가는 것이다.

여기서 차에 관한 재미있는 실험을 또 하나 얘기해볼까 한다. 이 실험은 물질과 행복의 상관관계를 보여주는 실례라 할 수 있다. 미시간 대학의 심리학자 로버트 슈워츠(Robert Schwartz) 교수는 실험에 참여한 사람들에게 먼저 이런 질문을 했다.

"당신의 차에 만족하십니까?"

그런 다음 사람들의 답변을 분석해서 만족도를 살펴보았더니, 예상한 대로 고급 승용차를 소유한 사람들이 자신의 차에 대한 만족감이 높았다. 즉 차에 대한 만족도는 차량의 가치와 밀접한 상관관계를 보였다. 슈워츠 교수는 이번엔 질문을 바꿔 다음과 같이 물었다.

"오늘 당신의 차를 타고 오면서 어떤 기분을 느꼈습니까?"

다시 실험자들의 답변을 분석해 그날의 만족도를 살펴보았다. 과연 이번에도 고급차를 타고 온 사람들의 기분이 월등히 좋았을까?

그렇지 않았다. 차종이 차주의 기분에 아무런 영향도 미치지 못한 것이다. 대신 개인의 마인드가 행복과 만족도를 결정했다. 이는 물건의 가치가 행복과 직결되지 않는다는 것을 보여준다.

물론 좋은 물건은 물건 자체에 대해서 생각할 때는 순간적인 만족도를 높여줄 수 있다. 하지만 그것이 자신의 가치를 판단하는 기준이 되는 것은 아니다. 물건의 가치가 내 삶의 행복과 만족에 깊은 영향을 미치지는 못한다. 그러므로 자신의 가치를 이러한 표면적인 것들로 판단해서는 안 된다.

내면의 가치를 기준으로 삼아라

"인간의 가치는 그 사람이 소유하는 진리로 측정할 수 없으며, 그

진리를 파악하기 위해 그 사람이 기울인 노력과 고통으로 측정할
수 있다."

독일 철학자 고트홀트 레싱(Gotthold Lessing)의 말이다. 그의 말
처럼 인간의 가치는 끊임없이 자기관찰과 성찰을 하는 노력으로 평
가할 수 있다. 또한 가치를 높이는 것은 긍정을 통한 변화에서 진정
빛을 발하기도 한다.

내 지인 중 한 명은 항상 모임에서 주목을 받는다. 그의 주변에는
자연스럽게 사람들이 모이고, 대화와 웃음소리가 끊이지 않는다.
그렇다고 그가 외모가 대단히 매력적이거나 부유하거나 타고난 달
변가는 아니었다. 그저 다른 사람의 말에 조금 더 귀를 기울이고 긍
정적인 사고로 이야기하는 것뿐이었다.

또 그는 대화의 화젯거리가 막힐 때면 능숙하게 다음 주제를 풀
어주곤 했다. 그런 그를 볼 때마다 나는 유재석 뺨치는 MC 기질을
타고났다며 감탄을 금치 못했다. 그러니 지인들 사이에서 그는 매
우 존재감이 있고 영향력이 높았다. 사실 나는 그를 부러워해 하루
는 조심스럽게 인기 비결을 물어본 적이 있다.

"글쎄요. 잘 모르겠어요. 사실 전 그다지 말을 잘하는 편이 아니
거든요. 그래서 다른 사람들 말을 더 많이 들어주려고 하는 것뿐이
에요."

수줍게 말하는 그의 인상이 서글서글해 보였다. 그는 다시 말을
이어갔다.

"남의 말을 잘 들어주려고 해도 제가 뭘 알아야 이해하지 않겠어요? 솔직히 공부를 하기도 해요. 책이나 신문을 자주 읽고, 유명한 공연도 보려고 노력해요. 그래야 사람들하고 말이 좀 통하니까."

사람들과 소통하려고 공부한다는 그의 말에 깜짝 놀랐다. 사람들이 그에게 괜히 호감과 친밀감을 느끼는 것이 아니었다. 이처럼 타인을 위한 배려와 노력하는 자세가 그를 더욱 가치 있고 특별한 존재로 만든 것이다.

조직에서 자신의 존재감과 영향력을 높이고 싶다면 먼저 인성을 가꾸는 데 신경 써야 한다. 인격적으로 훌륭한 사람은 자연히 존중받게 마련이다. 그러므로 인성을 가꾸는 것이야말로 자신을 진정 가치 있는 인간으로 만들고 리더의 삶을 살게 하는 길이다.

자존심이 아닌 자신감을 기르자

지금까지 자신감의 중요성을 여러 차례 언급했다. 하지만 자신감을 제대로 이해하지 못하는 사람들도 의외로 많다. 나는 강의 도중 간혹 이런 질문을 받는다.

"자존심이 센 사람과 자신감이 넘치는 사람은 어떻게 다른가요?"

자존심과 자신감? 비슷해 보여도 그 의미는 엄청난 차이가 있다.

한 오디션 프로그램에서 모 가수가 참가자들을 향해 이런 말을 한 적이 있다.

"자신은 재능이 충분하다고 생각하겠지만 오디션에 참가한 다수의 사람들이 재능이 없는 것 같아요."

그러자 한 참가자는 후일담으로 "나는 재능이 없다고 생각하지 않습니다. 제가 꼭 성공한 가수가 되는 것을 보여주겠어요!"라고 강한 부정을 보였다. 또 다른 한 명은 "떨려서 실력 발휘를 제대로 못한 것 같아요. 아쉬워요. 다음번에는 제가 만족하는 무대를 보여줄 거예요"라고 말했다. 둘 다 다음 무대에 대한 투지가 넘쳐 보였다.

하지만 둘의 투지를 바라보는 제3자의 입장은 사뭇 달랐다. 강한 부정을 한 참가자는 지나치게 거만해 보여 노래 실력과 무관하게 낮은 지지를 받았다. 또 다른 참가자에게는 다음번에는 떨지 말라는 시청자의 응원이 쏟아졌다.

결국 둘 다 본선에 들지는 못했지만 이 사례를 보고 나는 자존심과 자신감의 차이가 이런 것이 아닐까 싶은 생각이 들었다. 누군가에게 보여주기 위한 마음과 나에게 충실하기 위한 마음의 차이. 그것이 호감과 비호감의 확실한 경계를 만든 것이다.

자신이 주인이 되지 않는 마음 '자존심'

자존심은 '타인에게 존중받고자 하는 마음'이다. 자존심이 강한 사람은 다른 이들에게 인정받고자 하는 욕구가 강해 남에게 보여주기 위한 말과 행동을 한다. 자존심은 그린마인드에서 나타나는 부정 에너지 중 하나다.

우리는 흔히 "자존심 상했어!"라고 말하곤 한다. 누군가에게 상처 입은 마음을 드러낼 때 이런 말을 쓴다. 자존심이 강한 사람은 외부의 평가에 많은 영향을 받기 때문에 독선과 오기로 자신을 포장한다. 그래서 자기 자신에 대한 믿음이 적다. 오직 남과 비교해 자신이 우위에 있음을 확인받는 것만이 자신의 가치를 평가받는 길이라 생각한다.

A씨는 남들의 시선을 즐겼다. 그녀의 화려한 외모와 좋은 집안 배경은 늘 A씨를 돋보이게 해주는 액세서리였다. 그녀는 언제나 자신이 주변 사람들에게 선망의 대상이길 바랐다. 매사 당당하게 보였던 그녀가 어느 날부터 풀이 죽더니 볼품없이 변해가기 시작했다. 이유를 알고 보니 난생처음 실연의 아픔을 겪은 탓이었다.

"제가 차이는 게 말이 돼요? 어떻게 나를 찰 수 있죠?"

그녀는 실연 자체보다 자신이 실연당할 수 있다는 사실에 더 상처를 받았다. 그녀는 완벽했던 자신의 모습에 '흠집'이 생긴 것을 받아들이기 어려웠다. 그래서 누구나 한번쯤 겪는 일에 사표까지 던지며 추락하고 말았다. 항상 자기 우월 의식에 사로잡혀 살아온 그녀에게 자존심이 꺾이는 일은 견딜 수 없는 것이었다.

이처럼 자존심이 강한 사람들은 사소한 실망에도 깊은 좌절에 빠진다. 나의 주인이 내가 아닌 타인이라서 그렇다. 이 자존심의 그릇을 깨지 않는 한 그들은 결코 그린마인드에서 블루마인드로 나아갈 수 없다.

자신이 주인이 되는 마음 '자신감'

반면에 자신감이 강한 사람은 모든 잣대가 '나'에게 향해 있다. 나의 능력을 믿는 마음, 나의 노력으로 얻는 기쁨이 자신감의 바탕이다. 다시 말해 자신감은 나를 존중하는 마음인 '자기 신뢰감'에서 비롯되는 것이다.

자신감이 넘치는 사람은 주변의 평가에 흔들리지 않는다. 다른 사람이 나를 어떻게 평가하든 개의치 않고, 자신의 일에 열정을 갖고 최선을 다한다. 그래서 남들보다 의지와 집중력도 뛰어나다. 무엇보다 그들에게는 한계가 없다. 남들이 인정한다 해도 자신이 정한 기준에 못 미치면 될 때까지 노력하는 타입이다. 그 대표적인 예로 김연아 선수를 들 수 있다. 김연아 선수는 자신이 쓴 책을 통해 이렇게 말한 바 있다.

> "내가 극복하고 이겨내야 할 대상은 다른 누군가가 아니라 내 안에 존재하는 무수한 '나'였다."

남들의 잣대는 그녀에게 전혀 중요치 않았다. 그녀의 기준은 오직 그녀 자신뿐이었다. 그렇기에 소치 올림픽에서 편파 판정 논란이 불거졌을 때도 블루마인드의 면모를 보일 수 있었던 것이다.

> "1등은 아니었지만 내가 할 수 있는 것은 다 보여드렸어요.

자신의 연기에 120점을 준다며 호탕하게 웃던 김연아 선수. 끊임없는 자기와의 싸움과 노력이 없었다면 결코 보일 수 없는 자신감이었다. 이처럼 자신감이 있는 사람은 끊임없이 발전한다. 그들은 애써 꾸미지 않아도 스스로 빛난다.

자신감을
키우는 방법

많은 기업에서 조직원들에게 자신감을 불어넣어주고자 해병대 훈련이나 무박 산악 훈련 같은 교육 프로그램을 운영한다. 이러한 교육 프로그램에서는 대체로 인위적으로 큰 소리를 지르게 하며 '나는 할 수 있어!'라는 신념을 심어주거나 과격한 훈련으로 팀워크를 심어주고자 한다.

그러나 이러한 방식으로 자신감을 키울 수 있다면 어느 누구 하나 성공하지 못한 사람이 없을 것이다. 물론 이러한 훈련이 일시적인 변화를 일으킬 수는 있겠지만, 그러한 변화는 잠시잠깐일 뿐이고 얼마 지나지 않아 구성원들은 예전의 모습으로 돌아오고 만다. 자신감은 외부의 영향력에 의해 생기는 것이 아니기 때문이다.

자신감은 자신을 존중하고 사랑하는 마음에서 비롯된다. 관찰과 성찰을 통해 '있는 그대로의 나'를 인정하고 포용할 때 비로소 건강한 자신감이 생겨난다. 그러므로 자신의 외모나 물질적 조건, 사회적 위치 같은 것이 아닌 자신의 존재 자체를 깊이 사랑하고 감사하는 연습을 하는 것이 좋다.

> "나는 지금 이대로의 나를 사랑한다. 나는 지금 가장 행복하다!"

매일 거울을 보며 이와 같이 자신에게 절절한 구애를 해보자. 자신을 사랑하는 존재로 귀하게 여기면 '나'는 더 이상 예전의 내가 아니다. 자신이 사랑받는 사람의 모습으로 바뀌는 전혀 다른 경험을 하게 된다. 부끄러움은 잠시 접어두고, 수시로 자신을 칭찬하고 격려하는 것을 잊지 말자. 자신감은 자신을 어떻게 바라보고 대하느냐에 따라 달라진다.

타인에게 쏟는 관심을 내면으로 돌려라

자존심이 강한 사람은 건강한 자신감을 키우기도 쉽다. 자존심이 강한 사람은 내면의 힘이 강하지 못해 타인의 잣대에 신경 쓰느라

지나치게 에너지를 쏟는다. 이렇게 밖으로 새어나가는 자존심의 에너지를 돌려 자신의 내면을 향하게 하면 된다.

예컨대 '남이 어떻게 생각할까?', '남에게 좋게 비칠까?' 먼저 생각하는 습관을 멈추고 '내가 원하는 것인가?', '내가 좋아하는 것인가?' 부터 고민하자. 이렇게 점점 자기내면과 대화하는 습관을 들이면 자신을 이해하게 되고 자신감을 한 단계 성장시킬 수 있다. 이때가 바로 남에게 의지하는 인생이 아닌 자신을 믿고 의지하는 인생으로 바뀌는 순간이다.

타인의 자신감도 함께 높여줘라

자신이 소중한 만큼 다른 사람도 소중한 존재다. 타인을 존중하고 배려할 줄 모르는 사람에게 우리는 호감을 느낄 수 없다. 남이 인정해주지 않는 자기애는 결국 강한 자존심으로 변하는 것이다. 그러므로 나를 존중하는 것처럼 남도 존중하는 마음을 가져야 한다.

주는 만큼 돌려받게 마련이다. 당신이 먼저 다른 사람에게 선의를 베풀면 그도 당신을 존중하고 배려한다. 따라서 나보다 먼저 타인을 칭찬하고 격려하자. 그러면 그들은 당신이 조직에서 정말 필요한 존재로 느끼게 해줄 것이고, 이를 통해 당신 역시 자신감을 한층 끌어올릴 수 있다.

우리에게 자신감은 원래 없던 것이 아니라 그저 사용하지 않은 것뿐이다. "만족은 결과가 아니라 과정에서 온다"는 말이 있듯이 자신감도 시련과 고통을 인내하는 과정에서 자라난다. 그러므로 자신감이 없다는 핑계로 시련에 주저앉지 않았으면 한다.

행복한 길 위를 걸어라

최근 젊은이들 사이에서 프리터들이 늘고 있다는 한 언론 매체의 보도를 본 적이 있다. 프리터는 자유(free)와 아르바이트(arbeiter)를 뜻하는 용어를 합성한 신조어로서, 아르바이트나 파트타임으로 생활을 유지하는 사람들을 가리킨다. 사실 프리터들이 느는 이면에는 직장난이라는 사회문제가 깔려 있기도 하다. 좁은 취업문이 비정규직의 프리터를 양산하는 한 가지 원인인 것이다.

하지만 최근 들어서는 그것만이 주된 요인이라 할 수 없다. 오히려 사회적 굴레에 얽매이지 않으려는 자발적인 프리터들이 늘어나고 있다. 기성세대의 눈으로 보면 백수나 마찬가지인 그들은 책임감이 없는 사회적 문제아로 치부되기도 한다. 그러나 실제로 내가 만난 프리터들은 전혀 그렇지 않았다.

가끔 회사에서 일용직 아르바이트를 구할 때가 있는데 그때 만난 젊은이들이 대개 프리터였다. 그들은 상당한 업무 능력을 보유하고 있었고, 그중 몇몇은 대기업에서 정규직으로 일한 경험도 있었다. 이렇게 유능한 사람들이 왜 일거리를 찾아다니는 비정규직을 선택한 것일까? 나는 궁금증을 참을 수 없어 이유를 물어보았다.

"현재 제가 선택한 삶이니까요. 사실 제 꿈은 따로 있거든요. 그것을 이루기 위해 지금 한창 배우는 중이에요. 아르바이트는 말 그대로 아르바이트일 뿐이죠."

또 한 명은 이렇게 말했다.

"회사를 다녀본 적도 있는데 저하고는 맞지 않았어요. 그래서 안락하지만 타협하는 인생을 살 것인지, 아니면 불안이 동반되더라도 내가 만족하는 인생을 살 것인지 고민했죠. 결국 안락보다는 만족을 택했고, 전 지금의 제가 무척 행복합니다."

그들은 자신만의 뚜렷한 가치관과 세계관을 갖고 있었다. 그들이 프리터를 선택한 주된 이유는 '자아실현'이라는 목표 때문이었다. 통속적이고 일방적인 길을 따라가기보다는 자기 행복을 이루는 길을 개척하는 중이었다.

자기 행복을 위한 길 위에서는 누군가의 시선이 결코 중요하지 않다. 오직 자신에게 잠재된 의식을 개발하여 더욱 큰 인간으로 성장하려는 자기와의 싸움이 중요한 것이다. 비록 현재 어려운 상황에 처해 있더라도 나는 그들이 선택을 후회하지 않고 결실을 맺으

리라 믿어 의심치 않는다. 왜냐하면 나 역시 그들과 같은 이유로 지금의 일을 선택했기 때문이다.

오래전 나는 나름 잘나가는 세일즈맨이었다. 회사 매출의 80퍼센트 이상이 내가 올린 수익일 만큼 영향력이 컸다. 당연히 직장 내 입지는 물론 경제적인 수입 면에서도 남부러울 것이 없었다. 그야말로 탄탄대로의 인생이었다.

그런데도 마음 한편이 뭔가 허전하고 아쉬웠다. 딱히 무어라 꼬집을 수 없는 공허함이 항상 나를 감싸고 있었다. 이는 외적인 만족감과는 전혀 다른 차원의 문제였다. 그것이 내가 의식 공부를 시작하게 된 계기였다.

의식 공부를 하면서 나는 내가 공허함을 느끼는 이유에 조금씩 접근해갔고, 결국 그 원인이 외부가 아닌 내부에 있다는 사실을 밝혀냈다. 즉 내가 지금보다 좀 더 가치 있고 행복한 인생을 살길 원한다는 것을 깨달았다. 그래서 나는 그 즉시 회사를 나와 현재의 삶을 선택한 것이다.

안정적이고 미래를 보장받는 삶에서 벗어나 무모하고 불확실한 삶에 도전한 것이다. 그렇지만 마음의 공허함은 없었다. 오히려 내가 행복한 길을 결심한 순간 내 마음속은 삶에 대한 열정으로 가득 찼다. 그 에너지가 오늘날 나를 한 회사의 CEO이자 강연자로 만들어준 힘이다.

지금 생각해봐도 그때의 결정이 내 인생에 신의 한 수가 아니었나 싶다. 자신을 행복하게 만드는 일을 하며 사는 건 그야말로 축복받은 일이다. 그것이 무엇이든 간에 자신이 행복한 선택을 하는 사람이라면 나는 언제나 깊은 응원과 지지를 보내고 싶다.

행동하지 않으면
아무것도 이룰 수 없다

사람들은 누구나 자신이 하고 싶은 일을 하며 살아가길 원한다. 그것이 행복해지는 방법이라는 걸 다들 알기 때문이다. 하지만 방법을 알면서도 우리는 왜 행복한 길로 걸어가지 못하는 것일까?

이유는 간단하다. 행동하지 않아서다. "나는 하고 싶은 일이 따로 있다"거나 "여기는 내가 계속 있을 곳이 아니다"라고 말하면서도 아무런 노력을 하지 않는 것이다. 정말로 하고 싶은 일을 향해 전진하고 싶다면, 그것을 위해 구체적인 노력을 해야 한다. 결코 '하고 싶다는 마음'만으로 끝나서는 안 되는 것이다.

스스로를 연마하거나 기술을 습득하는 노력도 하지 않으면서 "내가 하고 싶은 일은 따로 있다"고 말하는 건 허세일 뿐이다. 또한 당장 할 일이 많고 시간이 없다며 차일피일 미루는 것 또한 변명과 핑계에 지나지 않는다. 그런 태도로는 어떠한 결과물도 얻을 수 없다. 적어도 자신이 하고 싶은 일을 하려면 어떤 지식이 필요한지,

어떤 능력이 있으면 좋은지, 어떤 자격증을 따면 유리할지 등 최소한의 정보라도 파악하고 그에 맞게 움직여야 하는 것이다. 이러한 노력을 병행할 때 우리는 행복한 결론에 도달할 수 있다.

현대 산업디자인의 거장으로 칭송받는 톰 딕슨(Tom Dixon)이 바로 그러한 인물의 대표적인 예다. 딕슨은 매년 올해의 디자이너로 꼽힐 만큼 세계적으로 영향력이 높은 산업디자이너다. 그의 작품은 뉴욕현대미술관인 모마에 영구 소장되는가 하면 런던디자인뮤지엄, 빅토리아앨버트뮤지엄, 파리퐁피두센터 등 세계적인 미술관에 소장될 만큼 그 가치를 인정받고 있다.

이와 같은 딕슨의 화려한 성공은 사실 좀 특별한 과정을 거쳐 이루어졌다. 그는 다른 디자이너들과는 달리 자신이 좋아하는 취미를 살려 성공한 인물이다. 그는 원래 밴드에서 베이스 기타를 연주하는 베이시스트였다. 하지만 투어 콘서트를 앞두고 교통사고를 당하는 바람에 졸지에 실업자 신세로 전락해버리고 말았다.

별달리 할 일이 없던 딕슨은 음악처럼 사랑하는 오토바이에 열중하기 시작했다. 평소 취미로 해오던 오토바이 튜닝을 하면서 그는 금속으로 무언가 만드는 재미에 흠뻑 빠지게 된다. 그러면서 자신이 금속을 조립할 때 행복감을 느낀다는 사실을 발견하게 되었다. 그때부터 금속기술과 재료에 관한 지식을 독학으로 공부하기 시작했다.

금속 조립을 위한 용접 기술과 기계구조에 대한 지식, 폐차장의 재료들을 활용하는 기술 등을 익히고, 금속재료들을 섞어 새로운 재료를 만드는 연구에 몰두했다. 또한 산업디자인 공부도 스스로 했다. 이러한 과정에서 재미난 소품들을 만들어냈고, 그중 하나인 S자 모양의 의자가 세상에 알려지면서 엄청난 성공을 거두게 되었다. 이로써 딕슨의 디자이너 인생이 본격적으로 시작된 것이다.

이후 그는 '스페이스'라는 자회사를 차려 독창적인 산업디자인을 제작했고, 영국 최대의 리빙회사 '헤비타트'를 세계적인 브랜드로 올려놓는 데 지대한 공을 세웠다. 또한 산업디자인을 예술로 끌어올렸다는 평을 받기도 한다. 수많은 산업디자인 평론가들은 딕슨에 대해 "정식으로 산업디자인을 배운 어떤 사람들보다 뛰어나며 디자인의 의미를 가장 잘 이해하는 사람"이라고 말하고 있다.

그가 이러한 성공을 거둘 수 있었던 것은 자기가 좋아하는 일에 도전하고 매진한 덕분이 아닌가 싶다. 그의 참신하고 혁신적인 제품은 끊임없이 기술과 재료에 관심을 기울이고 실험하는 과정에서 탄생했다.

행복한 미래는 지금 이 순간에 행동하고 노력하는 삶에서 만날 수 있다. 자신이 스스로 길을 걸어야 결실도 얻고, 그 결실이 뜻과는 다르더라도 기쁘게 받아들일 수 있는 것이다. 혹시 2012년 런던 올림픽에서 메달을 따는 데 실패한 장미란 선수의 표정을 기억하는가?

　장미란 선수는 2010년 교통사고 이후 체력적인 열세를 보여왔다. 당시 은퇴설이 나올 정도로 사고는 선수 생활에 치명타였다고 한다. 그럼에도 그녀는 훈련을 게을리하지 않고 자신의 마지막 무대가 될 경기장에 당당히 올랐다.

　비록 메달을 따지는 못했지만 자신이 놓친 바벨에 손 키스를 하던 그녀의 모습은 누구보다 행복하고 홀가분해 보였다. 나지막이 기도하고 내려오는 그녀의 표정은 인자하기까지 했다. 강력한 메달 후보로 꼽힌 그녀가 명성에 걸맞지 않은 성적을 내고도 그런 표정을 지을 수 있었던 건, 자기 스스로 행복한 도전을 하고 최선을 다했기 때문일 것이다. 어쩌면 그녀에게 메달 획득은 처음부터 의미가 없는 일이었을지도 모른다. 장미란 선수는 메달보다 값진 '행복한 도전자'의 표정을 보여줌으로써 진정한 성공은 자신이 행복한 삶을 사는 것이라는 사실을 새삼 일깨워주었다.

자신의 길을 확장시켜주는
'발상의 전환'

　자신의 길을 더욱 탄탄하고 넓게 다지기 위해서는 발상의 전환이 필요하다. 창의력과 상상력이 아무리 뛰어나다 해도 전부 실현되는 것은 아니다. 자신의 목표를 현실과 조화롭게 접목시켜 나아가는 아이디어가 중요하다. 그것이 바로 '발상의 전환'이다.

발상의 전환은 요즘 같은 시대에 확실한 경쟁력이 된다. 위기를 기회로 바꾸는 전략이 있어야 한 단계 더 도약할 수 있기 때문이다.

언젠가 일본 아오모리 현에 큰 태풍이 몰려온 적이 있다. 당시 아오모리 현 농민들은 태풍으로 인해 농작물의 절반 이상을 고스란히 버려야 했다. 일 년 농사가 한순간에 물거품이 되는 순간이었다. 99%의 농민들은 거의 자포자기 상태일 수밖에 없었다. 그들은 어찌할 도리 없이 다들 손을 놓아버리고 말았다.

그렇지만 그들 중 한 사람만은 끝까지 희망을 잃지 않았다. 그는 태풍이 휩쓸고 간 처참한 몰골의 사과나무를 보며 이런 생각을 했다.

'지금 매달려 있는 나머지 사과들을 어떻게 팔아야 할까?'

농부는 다른 99%의 농민들과 달리 떨어진 사과를 아쉬워하기보다 매달려 있는 사과를 팔 방법을 고심했다. 태풍 피해를 입은 지역의 사과라고 하면 멀쩡해도 안 팔릴 것이 뻔했다. 그는 한참을 생각한 끝에 기막힌 아이디어를 떠올렸다. 그리고 다른 농민들에게 자신의 아이디어를 공유하며 나머지 사과를 팔기 시작했다. 농민들은 사과를 싼 포장지에 다음과 같은 문구를 적었다.

"풍속 55미터의 강풍에도 떨어지지 않은 사과."

그런 다음 대학입시 합격 기원 상품으로 판매했다. 일명 '행운의 사과'를 탄생시킨 것이다.

이 사과는 수험생과 수험생을 둔 학부모에게 불티나게 팔려나갔다. 다른 사과보다 몇 배 비쌌음에도 행운의 사과를 찾는 사람은 끝도 없이 이어졌다. 오히려 없어서 못 팔 지경이었다. 당연히 전량 매진이었다. 농민들은 행운의 사과를 팔아 태풍으로 입은 손실을 만회하고도 남을 정도로 엄청난 수익을 거두었다. 그야말로 진짜 행운의 사과가 된 것이다.

그 후로도 아오모리 현의 사과는 전국에서 가장 인기 있는 사과가 됐다. 한 농부의 사소한 아이디어가 지역의 명물을 만든 것이다.

혁신은 발상의 전환에서 시작된다

우리는 이 사례를 통해 조금만 생각을 달리하면 아무리 어려운 상황에서도 기회를 얻을 수 있다는 진리를 깨닫게 된다. 오늘날 사람들 입에 자주 오르내리는 '혁신'이라는 것도 바로 이러한 발상의 전환에서 시작되는 것이다. 어떤 새로운 것을 창조하는 것이 아니라 '창조된 것을 새롭게 재탄생시키는 것'이 바로 혁신이다.

예컨대 스티브 잡스도 사실 컴퓨터나 휴대폰을 처음 개발한 인물은 아니다. 단지 컴퓨터를 개인용으로 보급하는 방법을 고안했고, 자주 사용하는 휴대폰에 컴퓨터의 기능을 심는 발상의 전환만 했을 뿐이다. 이것이 바로 자신이 걸어가는 길에서 기회를 포착하는 방법이다.

사실 대다수 사람들은 거의 비슷비슷한 인생을 살아간다. 비슷해 보이는 길을 가지만 인생에서 거두는 결실은 천차만별이다. 그 이유는, 어떤 사람은 흘려버린 것을 다른 사람은 좋은 기회로 만들기 때문이다. 즉 발상의 전환을 통해 새로운 비전을 열게 한 것이다. 이처럼 비슷한 삶을 특출한 삶으로 만드는 건 세상을 다르게 보는 안목이다.

따라서 한 가지 사고에만 집착하지 말고 항상 새로운 것을 탐구하는 자세를 가져야 한다. 자유로운 의식을 가질 때 창조적인 아이디어가 샘솟듯 일어난다. 현재에 안주하지 말고 주변을 새롭게 보는 안목으로, 당신도 행복한 도전자가 되길 바란다.

나의 기쁨이 완전한 행복이 되게 하려면

주변 역시 행복하게 만들어야 한다.

나와 상대방이 같이 만족할 수 있는 방향으로

자신을 조율하며 행복의 조화를 이뤄야 하는 것이다.

Chapter 5

네가 행복해야 나도 더 행복하다

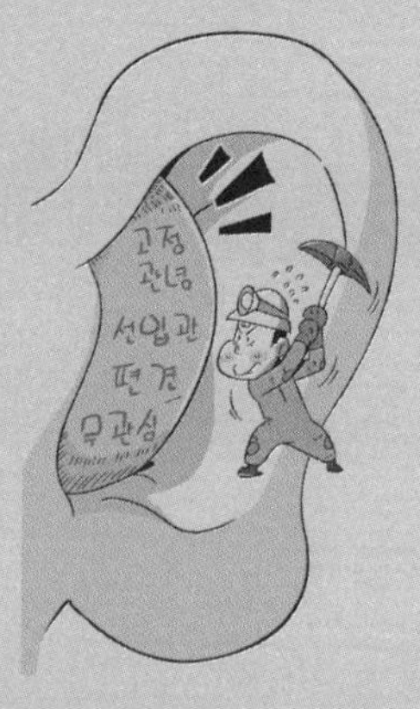

더 행복하려면 '상생 마인드'를 가져라

인디언 속담에 이런 말이 있다.

"빨리 가려거든 혼자 가라. 멀리 가려거든 함께 가라. 외나무가 되려거든 혼자 서라. 푸른 숲이 되려거든 함께 서라."

무엇이든 혼자보다 여럿이 함께 할 때 우리는 더 많은 것을 얻고 이룰 수 있다. 행복도 다르지 않다. 한 명의 블루마인드를 가진 사람보다 여러 명의 블루마인드형 사람이 모일 때 더 큰 시너지 효과가 나타난다. 그 대표적인 사례를 미국 메이저리그 팀 오클랜드 애슬레틱스의 전설적인 변화에서 찾을 수 있다.

1990년대 당시 애슬레틱스는 메이저리그 꼴찌 팀이라는 불명예를 안고 있었다. 매 경기마다 패전을 면치 못해 팀의 사기는 바닥으로 떨어진 지 오래였다. 실망스런 경기력에 팬마저 비난의 강도를 높였고, 심지어 팀 해체를 요구하는 격렬한 반응까지 보였다.

그렇다 보니 애슬레틱스 관계자들은 그 누구도 야구에 재미와 흥미를 느끼지 못했다. 심지어 감독과 선수는 경기에 나서는 것마저 두려워했으며, 1998년에는 구단주마저 그들을 버리기에 이르렀다. 그렇게 애슬레틱스의 불행은 끝도 없이 계속될 듯 보였다. 전설이 된 한 인물이 나타나기까지는.

당시 애슬레틱스는 당장 팀이 해체된다 해도 이상할 게 없을 정도로 엄청난 위기에 직면해 있었다. 그런 그들을 구원한 건 새로 부임한 빌리 빈 단장이다. 그는 구단주가 되자마자 팀을 대대적으로 변화시켰다. 최하위 팀이던 애슬레틱스를 명문 구단으로 올려놓는 반전의 기적을 선보인 것이다.

2000년부터 2003년까지 4년 연속 포스트 시즌 진출! 당시 메이저리그 최고 부자 구단인 뉴욕 양키스 팀 연봉의 3분의 1도 안 되는 애슬레틱스의 선수들이 이뤄낸 성과다. 이는 팀 선수 구성 및 구단의 투자 규모를 감안하면 그야말로 엄청난 기록이었다. 140년 넘는 메이저리그 역사상 최대의 이변으로 기억될 정도였다. 더욱 놀라운 건 이 엄청난 변화가 고작 1년 사이에 벌어진 결과란 점이다. 과연 최약체 팀을 최강 팀으로 바꾸어놓은 마법의 비밀은 무엇이었을까?

당시 돈이 많은 구단은 막대한 재력을 앞세워 스타플레이어들을 싹쓸이했다. 최저 예산으로 팀을 꾸려야 했던 빌리 빈 단장에게 우수한 선수를 영입하는 일은 처음부터 꿈도 못 꿀 일이었다. 그래서 그는 일찌감치 메이저리거의 스카우트를 포기하고 대신 마이너리거에게 눈길을 돌렸다.

빌리 빈 단장은 독특한 원칙에 따라 선수를 영입, 기용했다. 그는 기록으로 선수를 판별하기보다 먼저 내면의 자질에 초점을 맞추었다. 그래서 스카우트할 선수들의 인간관계를 분석했고, 그 과정에서 범죄 기록과 여성 편력, 음주, 도박, 다툼 등의 경력이 있는 다혈질 선수들은 철저히 배제했다. 그리고 남은 선수들 중에서도 참을성이 있는 선수와 자신을 희생할 줄 아는 선수들을 가려 뽑았다. 즉 '팀워크를 극대화할 수 있는 긍정적인 선수'를 선별한 것이다.

그렇게 탄생한 팀은 시즌 초반 모두의 비웃음거리가 되었다. 뚱뚱해서 도루를 못하는 1번 타자, 팔꿈치 수술을 받아서 공을 제대로 던지지 못하는 1루수, 선천적으로 발이 휜 주전 투수, 입단한 모든 구단에서 방출된 40대의 7번 타자 등등…… 애슬레틱스는 모든 이들에게 오합지졸로 비쳤다.

그런데도 빌리 빈 단장은 주저하거나 흔들리지 않았다. 나름 에이스였던 선수들을 빼고 마이너리그 선수들을 주전으로 과감하게 기용하는 용병술을 펼친 것이다. 이에 대해 야구 관계자들은 "드디어 애슬레틱스가 해체를 준비하고 있다"고 입을 모았다. 하지만 그들의 조롱은 곧 놀라운 비명으로 바뀌었다. 애슬레틱스는 빌리 빈 시대가 열린 1998년 이후 지난 16년간 7번이나 포스트시즌에 진출했다. 같은 기간 그들보다 더 많이 진출한 팀은 엄청난 재력을 보유한 양키스(14회)와 보스턴(9회), 애틀랜타(11회)와 세인트루이스(10회)뿐이다.

이러한 빌리 빈 단장의 용병술이 성공할 수 있었던 것은 그가 믿은 또 하나의 가능성 덕분이었다. 그것은 바로 긍정 에너지의 상승 효과였다. 빌리 빈 단장은 그가 뽑은 선수들이 자신의 믿음을 수용할 줄 아는 긍정의식을 가졌다는 데 초점을 두었다. 그래서 그는 선수들과 함께 공유할 수 있는 비전을 제시함으로써 잠재된 긍정 에너지를 깨우려고 노력했다.

오합지졸이던 선수들에게 '메이저리그 우승'이라는 비전을 제시하고, '우리는 우승을 해냈다!'는 강인하고 확고한 신념을 불어넣기 시작했다. 이러한 단장의 터무니없어 보이는 비전에 처음에는 선수들이 무척 황당해했다. 하지만 긍정의식을 가진 그들도 이내 가능성에 대한 믿음에 물들어갔다. 그리하여 자신의 콤플렉스를 하나씩 극복해갔고, 서로를 격려하며 한 단계씩 성장해나갔다. 이로써 마침내 애슬레틱스는 실제로 메이저리그 우승을 넘보는 막강한 팀으로 재탄생하게 되었다.

애슬레틱스를 완전히 바꾸어놓은 마법의 비밀은 블루마인드의 힘이었다. 빌리 빈 단장의 긍정 에너지가 감독과 선수들의 잠재된 또 다른 긍정 에너지를 깨우면서 힘을 발휘한 것이다. 이러한 절대 긍정의 블루마인드가 모이면 더 일찍 행복한 결과를 이끌어낼 수 있다. 따라서 우리도 내 주변을 더 많은 블루마인드로 채운다면 쉽고 빠르게 비전을 완성할 수 있다. 그러므로 나뿐만이 아닌 내 주변 사람들에게도 긍정 에너지를 심어주는 일에 적극적일 필요가 있다.

행복 찾기에도 '3Win의 전략'이 필요하다

'행복 바이러스'라는 말이 있다. 실제로 행복은 사람들 사이에서 전염된다. 내가 행복하고 상대방이 행복하면, 우리는 더 큰 힘을 쏟지 않아도 자연히 긍정 에너지의 울타리 안에 머물게 된다. 하지만 여기서 간과해서는 안 될 함정이 있다. 결코 나 혼자만 행복해서는 안 된다는 사실이다.

앞서 '에너지 공명 현상'을 언급할 때도 말했다시피 인간의 감정은 상호작용을 한다. 서로 교류되고 공유되는 것이다. 그렇기에 자신이 아무리 긍정적이라 하더라도 주변 사람들이 부정적이라면 마냥 행복할 수만은 없다. 인간의 감정은 물감처럼 섞여 한쪽으로 치우치거나 희석되기에 결과적으로 그만큼 긍정 에너지의 힘도 작아진다. 따라서 나와 가까운 사람도 함께 행복해야 우리는 행복 바이러스를 넓게 퍼뜨릴 수 있다.

한번은 이런 일이 있었다. 모 기업에서 강연을 하는데 한 남자가 교육 시간 내내 심각한 얼굴로 앉아 있었다. 그렇다 보니 주변 사람들 역시 그의 눈치를 살피며 불편해하는 모습이 역력했다. 뿐만 아니라 나 역시 강연에 집중할 수가 없었다. 온 신경이 그곳으로 몰리는 바람에 만족할 만한 교육을 진행하지 못한 것이다.

겨우 강연을 마친 후 나는 그에게 "무슨 안 좋은 일이라도 있으세요?"라고 물어보았다. 그러자 그는 다음과 같이 대답했다.

"아침부터 아내가 잔소리를 해대는 바람에 기분이 계속 언짢네요. 그래서 다른 것에 집중할 수가 없었어요."

가정에서 흔히 생길 수 있는 부부 싸움이 그를 하루 종일 괴롭힌 것이다. 싸움의 이유도 특별한 것이 아니었다.

"매번 똑같아요. 술 좀 적게 마시고, 친구 챙기는 것만큼 가족도 챙기라는 거죠. 근데 솔직히 가족을 위해서 일하고, 그 스트레스를 술로 푸는 건데 왜 그걸 이해 못하죠?"

넋두리를 늘어놓는 그의 언성은 점점 높아져갔다. 시간이 지날수록 불만이 더욱 커져가는 듯 보였다. 술을 유일한 낙이라고 여기던 그에게 사실 이런 일은 한두 번이 아니라 했다. 전날 기분 좋게 마신 한잔이 다음 날에는 꼭 이렇게 화로 돌아온다는 것이다.

일주일에 서너 번 정도 술을 마시면 거의 주말 내내 싸움을 한다고 했다. 그의 말을 들어보니 아내의 심정도 충분히 이해할 만했다. 술이 그에게 행복감을 느끼게 해주었을지 모르지만 아내에게는 불행의 원인이었던 것이다. 결국 이 남자에게 술은 온전한 행복도 가져다주지 못하고 갈등만 남기고 말았다.

그가 하는 말을 들으며 나는 '이 남자가 아내의 요구를 조금만 수용해주었더라면 어땠을까' 하는 아쉬움이 들었다. 술을 줄이고 좀 더 가정에 충실했더라면 아내 역시 다른 태도를 보이지 않았을까. 그러면 아침 출근길부터 부부가 싸울 일도 없고, 회사 동료들에게도 피해를 끼치지 않을 수 있었다. 하지만 그 약간의 배려가 부족한 탓에 알게 모르게 우리는 많은 감정적 손해를 입고 만다.

만약에 나의 기쁨이 상대방의 불행이 된다면 마냥 행복할 수 있을까? 결코 그렇지 않을 것이다. 앞서 말한 것처럼 우리는 상대방의 감정에 영향을 받는다. 그러므로 나의 기쁨이 완전한 행복이 되게 하려면 주변 역시 행복하게 만들어야 한다. 나와 상대방이 같이 만족할 수 있는 방향으로 자신을 조율하며 행복의 조화를 이뤄야 하는 것이다. 그것이 바로 '3Win의 행복 전략'이다.

이것은 요컨대 나도 행복할 수 있고, 상대방도 행복할 수 있는, 그리하여 우리 모두 행복해지는 전략이다. 상대방과 갈등의 원인이 되는 것을 조율하여 문제를 없애면 서로 긍정적인 Win-Win을 하게 되고, 나와 상대방만이 아닌 제3자까지 긍정의 영향력 안에 두면 Win-Win-Win, 즉 행복의 3Win이 되는 것이다. 이는 그야말로 행복 바이러스이자, 블루마인드의 힘을 모으는 방법인 것이다.

시어도어 루빈(Theodore Rubin)은 "행복은 입맞춤과 같다. 행복을 얻기 위해서는 누군가에게 행복을 주어야만 한다"라고 말했다. 나만 행복해지는 데 몰두할 뿐 상대방의 감정은 신경 쓰지 않으면 진정한 행복에 도달할 수 없다. 나와 내 주변 사람이 함께 행복할 때 긍정의 울타리가 만들어진다는 사실을 명심하자.

파트너를 사랑하고
감사하고 기뻐하라

파트너와의 관계는 가정뿐만 아니라 사회생활에서도 중요하다. 조직에 훌륭한 파트너가 있다는 건 일의 능률과 실적을 끌어올리는 요인이 된다. 《잠언》에서도 "형제가 서로 도우면 단단한 성을 쌓는 것과 같다"고 했다.

조직에서 형제는 곧 동료들이다. 동료들과 긴밀한 파트너십을 맺으면 도움을 받기도 쉽고 일의 추진력을 높일 수도 있다. 그러므로 건강한 파트너십을 맺는 것은 사회생활에서 반드시 필요한 핵심 기술이다.

옛말에 "위대한 성공 뒤에는 항상 숨은 위대한 동료가 있다"고 했다. 긍정적인 파트너십보다 든든한 버팀목은 없을 것이다. 파트너와 긍정적인 관계를 맺지 못한 경우에는 안정적인 사회생활을 하기 어렵다. 지금 이야기하려는 모 기업의 A팀장이 바로 그런 사람이었다.

A팀장은 회사에 소속감을 느끼지 못하는 사람이었다. 그는 내게 이직을 하고픈 생각을 조심스레 털어놓은 적이 있다.

"도무지 회사에 정이 안 갑니다. 이유는 모르겠는데 왠지 나 혼자 자꾸 겉도는 것 같아요."

그의 나이에 걸맞지 않은 이유였다. 주로 사회 초년생들이나 하는 고민을 팀장인 그가 하고 있다는 게 나로선 믿기지 않았다. 하지만 이직을 결정할 정도로 나름 마음고생이 심한 모양이었다. 그래서 나 또한 진지하게 상담해주지 않을 수 없었다.

"이런 이야기를 다른 동료나 부하 직원에게 해본 적이 있나요?"

"얘기할 사람이 없어요. 딱히 속 얘기를 할 만큼 친한 동료도 없고, 부하 직원들하고는 업무 얘기밖에 안 해서요."

그의 얘기를 듣고 나니 회사에 정이 안 가는 이유를 단박에 알아차릴 수 있었다. 그는 업무 능력에 대한 평판은 좋았지만 허심탄회하게 이야기를 나눌 동료가 없다는 게 문제였다. 그래서 나는 그에게 이런 조언을 해주었다.

"일을 하지 마세요. 대신 그 시간에 동료들이나 부하 직원들과 친해지세요!"

내가 이렇게 말한 까닭은 그에게 파트너십이 부족해 보였기 때문이다. 그러니 조직에 대한 친밀감이나 안정감이 없는 것도 지극히 당연한 일이었다. 사실 조직이라는 곳은 단순히 일만 하는 곳이 아니다. 사람들과 소통하며 서로 부족한 부분을 보완해가면서 의식도 함께 성장하는 곳이다. 그런데 A팀장처럼 파트너십이 없는 사람이라면 어디에도 소속감을 느끼지 못하고 자기성장도 한계에 부딪치게 된다.

그런 사람들은 설사 다른 곳으로 이직한다 해도 상황이 별반 달라지지 않는다. 왜냐하면 파트너십을 맺는 방법과 그 중요성을 몰라서 그렇다. 근본적인 해결책은 오직 동료를 얻고 사회적인 안정감을 찾는 것뿐이다. 그러려면 자신이 먼저 파트너에게 다가가는 용기가 필요하다.

사실 나 역시 파트너십의 중요성을 새삼 깨달은 순간이 있었다. 사업이 어느 정도 성장기에 들어서면서, 부족한 인력을 맘껏 채용하던 때의 일이다. 생각지도 않게 글로벌 경제 위기가 찾아오면서 나 역시 역풍을 맞게 되었다. 순식간에 경영난을 겪게 되자 인원 감축이 불가피했다.

나는 직원들을 불러놓고 먼저 회사의 사정을 소상히 알려주었다. 그런 다음 구조조정에 대해 의견을 물었다. 반응은 저마다 달랐다. 우는 사람도 있고, 불평을 쏟아내는 사람도 있었다. 하지만 모두 한결같이 회사를 떠나고 싶은 마음은 없어 보였다. 그러던 중 누군가 벌떡 일어나 이렇게 말했다.

"전 월급 안 받아도 좋습니다. 따로 막노동이라도 해서 먹고살게요. 그러니 위기가 끝나면 다시 불러주세요!"

그러자 다른 직원들도 일제히 말했다.

"지금 월급 안 주셔도 좋아요. 회사에만 있게 해주세요. 안정될 때 주시면 됩니다."

나는 한동안 말을 꺼내지 못했다. 직원들의 마음에 진한 감동을 느끼면서 한편으론 나 자신이 부끄럽게 느껴졌기 때문이다. 한 회사의 대표로서 어떻게든 이 위기를 헤쳐 나갈 돌파구를 찾아보았지만 결국에는 구조조정을 할 수밖에 없다고 생각했으니……. 항상 포기하지 말라던 신념을 스스로 어긴 셈이었다. 나는 부끄럽고 나약했던 마음을 다잡고 다시 직원들과 의기투합하기로 결정했다. 단 한 명의 직원도 빠짐없이 이끌고 위기와 부딪쳐보기로 한 것이다.

그렇게 결심한 후 나와 직원들은 한 몸처럼 열심히 뛰었다. 우리는 그 어느 때보다 똘똘 뭉쳐 경영 위기에 맞서 싸웠다. 그렇게 오직 하나의 비전을 위해 달린 결과, 얼마 뒤 우리는 대형 영업을 수주하는 쾌거를 이룰 수 있었다. 이는 경영 위기를 단번에 벗어날 만큼 엄청난 행운이었다.

지금도 그날을 생각하면 온몸에 짜릿한 전율이 흐른다. 그때 우리가 위기에서 벗어나 현재까지 건재함을 과시할 수 있는 것 역시 끈끈한 파트너십 덕분이다. 직원들과의 파트너십이 없었다면 위기를 극복하지 못하고 성장의 기쁨을 함께 누리지 못했을 것이다. 파트너십은 조직뿐만 아니라 개개인에게도 엄청난 영향을 미친다. 자신을 든든하게 받쳐주는 파트너가 있다면 그만큼 용기가 생기고 안정을 느끼게 마련이다. 따라서 파트너십은 서로의 성장은 물론 3Win의 행복 전략에서도 중요한 역할을 한다.

그러므로 파트너에게 우리는 더 각별한 애정과 관심을 쏟아야 한다. 파트너십의 형성은 '내가 그 조직에서 어떤 파트너인가'에 따라 달라진다. 자신이 동료들을 신뢰하고 배려하며 존중해준다면, 상대도 나를 신뢰하고 배려하며 존중해주게 마련이다. 즉 자신의 마음을 주지 않고서는 훌륭한 파트너를 얻을 수 없다. 마음을 다해 파트너를 사랑하고 감사하며 기뻐할 줄 아는 사람만이 더 큰 행복을 얻는다는 진실을 잊지 않길 바란다.

'수용과 포용'이 진정한 상생을 가능케 한다

호킨스 박사는 의식 성장에 관해 이런 말을 했다.

"의식의 커다란 발전은 내가 안다는 착각을 버릴 때만
가능하다. 닫힌 상자 속으로는 빛이 들어갈 수 없다."

이는 자기만의 사고방식에서 벗어날 때 비로소 의식을 성장시킬
수 있다는 의미다. 자기관념을 비울 때 블루마인드를 이룬다는 나
의 이론과도 일맥상통한다. 결국 내 방식대로 주변을 바라보지 않
을 때 우리는 한 단계 성장할 수 있는 것이다.

파트너를 대할 때도 마찬가지다. 나만의 잣대로 상대방을 평가하

지 않을 때 서로 신뢰하며 인생의 조력자가 될 수 있다. 그런데도 우리는 이를 잘 실천하지 못한다. 우리는 대인관계에서 종종 자신의 입장에서만 상대방을 쉽게 판단하곤 한다.

얼마 전 카페에서 사업 파트너를 기다리다가 옆 테이블의 대화 내용을 듣게 되었다. 젊은 여성 둘이서 대화를 나누고 있었는데, 언성이 높은 탓에 나는 자연스레 그들의 대화를 들을 수 있었다.

"뭐 그리 어려운 일이라고 그것 하나 못해줘? 성격 참 이상해."

"그러게. 나이도 많으면서 언니라는 사람이 왜 그렇게 속이 좁은지……."

"내 말이! 어른이면 어른답게 아량 좀 베풀어야지!"

그들은 누군가의 험담에 열중해 있었다. 자신들이 '언니'라고 칭하는 한 여성에게 몹시 화가 난 모양이었다. 그 여성에게 무언가 부탁을 했는데 거절을 당해 그런 듯했다. 본의 아니게 한참 동안 그들의 대화를 엿들으면서 나는 이런 생각이 들었다.

'언니는 거절하면 안 되는 사람인가? 언니라서 꼭 아량을 베풀어야 하는 것인가?'

물론 그 상황만으로 그들을 함부로 비난할 수는 없다. 다만 내가 이 예를 통해 말하고 싶은 것은, 우리는 상대방의 입장을 자기 마음대로 해석하는 경향이 있다는 점이다. 언니라서 동생의 부탁을 들어줘야 하고, 들어주지 않으면 속이 좁은 사람으로 결론 내리는 것은 매우 일차원적이고 일방적인 논리 아닐까.

조금만 더 깊이 생각해보면 상대방이 나의 뜻대로 따라주는 않는 것이 오히려 당연한 일이다. 타인의 마음은 나와 같지 않고, 타인의 행동 또한 나와 같지 않다. 그러므로 내 생각대로 행동해주길 바랄 수만은 없는 일이다. 부탁을 들어주면 고마운 일이고, 그러지 않는다 해도 그저 당연한 일일 뿐이다.

자신의 사고 밖으로 상대방을 꺼내두면 결코 이해하지 못할 것도 없다. 우리는 상대방을 자신의 사고 안에서만 판단하려 하기에 스스로 갈등을 겪는 것이다.

예전에 직장에서 한 직원이 상사가 너무 이기적이라며 불평을 늘어놓았다. 자기만 편한 근무 자세로 일해 불쾌감을 주고, 무엇이든 자기 것부터 챙기기에 급급하다는 이유에서였다.

"상사면 아래 직원부터 챙겨주고 솔선수범해야 하는 거 아니에요? 이건 뭐 자기밖에 모르니……. 과장님만 보면 기분이 언짢아져서 일의 능률도 떨어진다니까요."

나는 그 직원의 불편한 마음을 충분히 느낄 수 있었다. 하지만 그 상사에 대한 다른 직원들의 평가는 상당히 달랐기에 그다지 공감이 가지는 않았다. 다른 직원들은 다들 업무에 문제 될 것이 없다는 반응을 보였다. 같은 상사 아래서 일하는 직원인데 이처럼 다른 태도를 보인 까닭은 무엇일까?

그 이유는 자신의 방식으로 상사의 행동을 판단한 데 있었다. 상

사의 행동을 문제 삼은 직원은 '상사라면 솔선수범하고 너그러워야
한다'는 자기관념이 있었다. 그로 인해 레드마인드의 의식에서 벗
어나지 못했다. 그 직원의 가장 큰 문제는 바로 그것이었다. 상사로
인해 스트레스 받고 괴로운 것은 오직 그뿐이었다. 결국 자신의 감
정을 상하게 하고 힘들게 만든 것은 순전히 그 자신이었던 것은 아
닐까?

'상대의 영역'을 인정해주자

사실 누구나 위의 부하 직원처럼 타인의 행동이 거슬려 혼자 속
을 끓인 경험이 있을 것이다. 하지만 상대방을 바라보는 시선을 조
금만 달리하면 우리는 지혜롭고 성숙한 인간관계를 형성할 수 있다.

예컨대 앞서 상사의 이기심에 힘들어하는 직원의 경우를 살펴보
자. '상사가 이기적이면 안 된다'는 자기관념으로 판단할 것이 아니
라 '상사도 이기적일 수 있다'고 바꿔 생각해보는 것이다. 즉 나도
이기적일 수 있는 사람인 것처럼 당연히 상사도 이기적이면 안 될
이유가 없다고 인정해줘야 한다. 그것이 바로 상대방의 영역을 수
용하고 포용하는 자세다.

파트너에 대한 가장 큰 배려는 이해를 넘어 그를 온전히 품어주
는 것이다. 상대방에 대한 수용과 포용으로 자신을 대할 때와 같이

동등하게 대접해줘야 한다. 가령 내가 보호받고 이해받고 싶은 부분이 있다면 상대방에게도 똑같이 그 영역을 인정해주는 것이다. '나도 그럴 수 있는 사람이고 타인도 그럴 수 있는 사람이다'는 관점으로 바라본다면 굳이 스스로 문제를 만들 이유가 없다. 결국 우리는 자기만 바꾸면 어떤 상대와도 갈등 없이 파트너십을 형성하고 Win-Win-Win 할 수 있다.

상대의 영역을 있는 그대로 인정하면 레드마인드의 시각에서 벗어날 수 있다. 상대와 입장을 바꿔 생각해보라는 뜻의 '역지사지'라는 고사성어가 있다. 하지만 솔직히 사고방식이나 가치관이 다르면 이 또한 쉽지 않다. 자신은 아무렇지 않게 여기는 말과 행동이 상대방에게는 기분 나쁘거나 괴로울 수 있기 때문이다.

단적인 예로, 자신은 털털한 성격이라 어느 정도의 장난은 쉽게 넘어가는데 상대방은 예민해서 잘 받아들이지 못한다고 가정해보자. 그렇다면 상대방의 반응을 온전히 이해할 수 있을까? '고작 이런 사소한 일에 왜 이렇게 과민반응하지?'라고 색안경을 끼고 볼 수도 있다. 즉 상대방의 입장을 생각해보는 것 역시 자신의 관념으로 사고하는 것과 별반 다르지 않다.

따라서 무엇보다 중요한 것은 내 사고로 상대를 재단해서는 안 된다는 점이다. 남들이 나와 같지 않으니 '그 사람의 기준으로' 그의 행동과 사고방식 등을 그대로 수용하고 포용하면 된다. 이렇게 각자의 영역을 인정한다면 비록 상대방의 행동이 바뀌진 않아도 적어도 나의 레드마인드는 바꿀 수 있다. 그러면 자연히 곱지 않던 상대의 모습도 차차 달리 보이지 않을까.

오래전 들은 법륜 스님의 즉문즉설 강연 중에 이런 내용이 있었다. 한 여성이 친구와 심한 갈등을 겪고 있다고 했다. 자신의 말실수로 친구가 토라진 다음부터는 화해도 받아주지 않고 계속 무시하는 통에 상심이 크다는 것이었다. 그러자 스님은 그녀의 고민에 다음과 같이 화답해주었다.

"지난 어리석음을 참회했고 내 마음에는 상대에 대한 미움이 없어졌다 하더라도, 상대의 마음속에 나로 인한 상처가 남아 있다면 그가 나를 미워하거나 욕하는 것은 당연한 일입니다. …… 내 사과를 받아들이고 과거에 맺혔던 마음을 푸는 건 내가 선택하는 것이 아니라 온전히 상대의 영역입니다. 그걸 그대로 인정하는 것이 바로 과보를 받아들이는 것입니다. 왜 아직도 나를 미워하고 외면하느냐고 따지는 건 여전히 자기 성질대로 상대를 휘두르려는 고집일 뿐입니다."

스님의 말씀을 듣고 나니 많은 생각이 들었다. 어쩌면 우리는 알게 모르게 상대방을 더 많이 무시하고 있는지도 모를 일이다. 내 욕심만 부려 나의 방식대로 갈등을 풀려고 하지 않았는지 돌아볼 필요가 있다.

자기관념에 사로잡힌 레드마인드의 시선으로 상대를 보면, 장점이 많은 사람도 단점밖에 보이지 않는다. 만약 타인 때문에 갈등을 느낀다면 그건 순전히 나의 문제일 수도 있다. 혹시 내가 상대방을 자기 멋대로 판단하지는 않았는지, 내가 원하는 방식으로 상대방을 바꾸려 하지는 않았는지 깊이 성찰해볼 일이다.

대인관계를 해치지 않는 대화법

요즘 공공장소에 있다 보면 쉽게 욕설과 비속어를 접하게 된다. 어른 아이 할 것 없이 저마다 걸출한 입담을 자랑하곤 한다. 마치 보란 듯이 저속한 말을 남발하는 그들의 모습에서는 어떤 거리낌도 발견할 수 없다. 이미 그들의 일상생활에서 욕설과 비속어를 사용하는 것이 습관처럼 굳어진 지 오래기 때문이다.

이렇게 욕설과 비속어를 사용하는 사람들을 보면 어떤 인상이 들까? 솔직히 그리 좋아 보이지 않는 게 사실이다. 말이란 그 사람의 내면을 보여주는 거울이기에 그렇다. 사람과 깊은 인연을 맺기 전에 우리는 먼저 말로써 상대방의 인성을 파악한다. 말이란 확실한 자기표현 방식인 동시에 인간관계를 맺고 유지하는 데 중요한 도구다.

그래서 예부터 말을 조심해야 함을 강조하는 속담은 수없이 찾아볼 수 있다. "말이란 나오기 전부터 갈고 닦아야 옥이 된다." "말은 행동의 거울이다." "말이 입힌 상처는 칼이 입힌 상처보다 깊다." 이와 같이 우리는 말의 중요성을 끊임없이 강조한다. 하지만 시간이 지날수록 말에 대한 조심성이 점점 사라져가는 것 같아 안타깝기만 하다.

한번은 외부 인력으로 아르바이트생을 급하게 구한 적이 있다. 그는 행동도 민첩하고 일도 곧잘 하여 크게 나무랄 데가 없었다. 하지만 딱 하나, 함부로 말하는 버릇이 문제였다.

가끔 일이 제 뜻대로 풀리지 않으면 그는 대뜸 짧은 욕설을 내뱉곤 했다. 그리고 대화를 조금만 길게 하면 비속어를 후렴구처럼 툭툭 내뱉기도 했다. 그래서 주변 사람들은 자신을 욕하는 것이 아닌데도 그의 옆에 있으면 괜히 기분이 상하고 찝찝해했다. 나 역시 사무실에서 그의 욕설을 듣고 깜짝 놀란 적이 한두 번이 아니었다.

그의 저속한 말투는 일순간 회사 분위기를 엉망으로 만들어버렸다. 그래서 나는 다른 직원들을 위해서라도 그에게 이별을 통보할 수밖에 없었다. 그런데 그에게 해고를 통보하는 순간에 그가 나를 정말 깜짝 놀라게 하는 말을 했다.

"제가요? 제가 욕을 한다고요? 전 그런 적이 없는데……."

그는 자신이 욕을 한다는 사실조차 인지하지 못하고 있었던 것이다. 도리어 우리가 생트집을 잡는다는 듯 화를 내기도 했다. 사실 그의 입장에서는 그럴 만도 했다. 그동안 욕과 비속어를 일상어처럼 써왔기에 문제를 크게 인식하지 못한 것이다.

나는 그를 보며 한편으론 이런 염려가 들었다. '혹시 더 많은 사람들이 그처럼 상스런 말을 태연하게 쓰고 있지는 않을까? 상스런 표현이라는 것조차 제대로 인식하지 못할 만큼 험한 말에 무덤덤해진 것은 아닐까?' 하고 말이다. 사실 그도 그럴 것이 인터넷이나 공공장소에서 그런 사람들을 흔히 발견할 수 있다.

페르시아의 시인 사디(Sa'di)가 『굴리스탄(*Gulistàn*)』에 남긴 명언 중에 이런 말이 있다.

말은 단순히 소통을 편하게 하는 도구만이 아니다. 말은 그것을 사용하는 사람의 인격이고 품성이며, 대인관계에서 엄청난 영향력을 발휘한다. 사소한 말 한마디가 싸움의 불씨가 되기도 하고, 다정한 말 한마디가 행복의 씨앗이 되기도 하며, 위로의 말 한마디가 한 사람의 인생을 바꾸는 열매가 되기도 한다. 그만큼 말은 쓰임에 따라 그 가치와 효과가 달라진다. "말 한마디로 천 냥 빚도 갚는다" 하지 않는가. 말이 점점 삭막해지는 요즘, 말의 무게가 주는 의미가 무엇인지 심사숙고해야 할 때가 아닌가 싶다.

언행을 비춰주는 거울은
'상대방의 피드백'이다

"가는 말이 고와야 오는 말이 곱다"고 했다. 내가 어떻게 말을 하느냐에 따라서 상대방도 그에 맞게 반응한다. 우리는 그것을 피드백이라고 한다.

피드백은 평소 나의 언행을 비춰주는 거울이다. 우리는 자신의 언행을 객관적으로 바라보기 힘들다. 하지만 상대방에게 되돌아오는 피드백을 통해 스스로를 점검할 수는 있다. 예컨대 말조심하며 상냥하게 얘기하는 사람 앞에서는 상대방도 진중하게 듣고 친절하게 반응한다.

우리 회사 직원 중 한 명이 노트북 수리 문제로 며칠 애를 먹고 있었다. 그러다 하루는 작정하고 A/S 상담원에게 단단히 따져볼 심산으로 전화 연결만 벼르고 있었다. 주변 사람들에게도 "오늘 내가 본때를 보여줄 거야! 화낼 건 화내야 소비자를 우습게 보지 않지"라고 미리 으름장을 놓아두었다.

우리는 그 상황을 흥미롭게 지켜보았다. 그러고는 마침내 전화가 연결되었을 때 허탈한 웃음이 터져 나왔다. 큰소리치던 패기는 온데간데없이 그는 잘 길들여진 강아지처럼 고분고분하게 전화를 끊고 만 것이다. 직원들은 그의 행동을 보며 "보여준다는 본때가 이런 거였어?"라고 놀려댔다. 그러자 해명이랍시고 하는 그의 말에 우리는 더욱 자지러지게 웃었다.

"아니, 그게……. 화를 내려고 했는데 '고객님 사랑합니다' 그러잖아. 사랑한다는데 어떻게 화부터 내. 그리고 내 불편을 잘 이해한다고 하니까 할 말이 없어지대."

그 직원의 에피소드는 이렇게 허무하게 끝났지만, 이는 언행에 따라 상대방의 피드백이 어떻게 달라지는지 잘 보여주는 사례다. 반대로 부정적이고 비판적인 말만 하는 사람이라면 상대방의 피드백은 어떻게 나타날까?

가령 누군가 나에게 "넌 이래서 안 돼." "네가 문제야!" "이것밖에 못하냐?" 같은 말을 했다면 어떤 기분이 들까? 사실 어떤 상황에서든 이런 말이 곱게 들릴 리 만무하다. 아무리 큰 잘못을 저질렀다고 해도 이럴 땐 인정하기보다 반박하고 회피하려는 마음이 먼저 든다. 그래서 자신도 똑같이 말이 거칠어질 수밖에 없다.

결국 긍정적인 말에는 긍정적인 피드백이, 부정적인 말에는 부정적인 피드백이 따라오게 마련이다. 그러므로 우리는 상대가 나에게 어떤 피드백을 보이느냐를 보고 자신의 말투를 진단할 수 있다.

『피드백 이야기』의 저자 리처드 윌리엄스(Richard Williams)는 피드백의 종류를 네 가지로 나눈다. '지지적 피드백', '교정적 피드백', '학대적 피드백', '무의미한 피드백'이 그것이다.

지지적 피드백은 말 그대로 칭찬을 기반으로 하는 것이다. 상대의 긍정적인 면을 부각시켜 발전할 수 있도록 응원해주는 메시지를 던지는 것이다. 교정적 피드백은 "다 좋은데 이 부분만 달리해보면 어떨까?"와 같이 특정 부분을 솔직하게 지적해주는 것이다. 그럼으로써 상대가 더 좋은 방향으로 나아갈 수 있도록 제안하는 방식이다.

반면 학대적 피드백은 잘못된 점을 지적하며 비난과 비판을 서슴지 않는 것이다. 그리하여 상대에게 심한 모멸감과 박탈감을 준다. 예를 들어 "얼굴이 못생기면 일이라도 잘해야지" "어떻게 제대로 하는 게 하나도 없냐? 그럴 거면 다 때려쳐" "내가 너한테 뭘 바라겠느냐……" 등과 같이 우리가 일상에서도 흔히 들을 수 있는 말이다. 이는 상대로 하여금 죄의식이나 반항심을 품게 하는 요인이 된다.

마지막으로, 이도 저도 아닌 무관심에서 나오는 말과 행동을 무의미한 피드백이라 한다. "글쎄, 잘 모르겠네" "네 마음대로 해, 네가 알아서 잘하겠지"처럼 무미건조한 반응을 보이는 것이다. 무의미한 피드백은 크게 문제 될 게 없어 보이지만 실상 가장 무례한 반응이기도 하다. 이는 상대를 존중하는 마음이 없을 때 나타나는 반응으로, 어떠한 배려나 인정도 느낄 수 없다.

위의 네 가지 피드백 유형을 보고 우리는 자신의 말투를 점검해볼 수 있다. 평소 자기가 어떤 유형의 피드백을 하고 어떤 유형의 피드백을 받는지 생각해본다면, 얼마든지 자신의 잘못된 말투를 수정하고 개선할 수 있다.

인간관계는 상대방과 '얼마나 의미 있는 피드백을 주고받는가?'에 좌우된다. 긍정적인 피드백이 서로 오고 가면 우리는 행동을 긍정적으로 개선할 수 있고 성장할 수 있다. 그러므로 인간관계에 도움이 되는 효과적인 피드백을 활용하여 타인과 공감 능력을 기르는 게 중요하다.

경청이 소통의 첫걸음이다.

우선 상대방의 말부터 잘 경청한다

잘 듣는 것이 소통의 첫걸음이다. 건설적인 피드백을 주고받으려면 먼저 열린 마음으로 타인의 말을 경청할 필요가 있다. 경청하는 동안에는 상대방의 입장을 잘 살필 수 있고, 어떤 피드백을 해줄지 정리할 시간적 여유가 있다. 그래서 좀 더 신중한 피드백을 전달할 수 있다.

단, 경청 시에 주의할 점이 있다. 상대방의 문제를 찾아내려는 태도로 듣지 말아야 한다는 것이다. 상대방을 가르치거나 고치려는 생각으로 경청을 하는 것이 아니라 순수하게 듣는 입장으로 임하는 것이 좋다. 상대방의 문제를 밝혀내어 고쳐주려는 생각에서 하는 피드백은 오히려 관계를 망치는 원인이 될 수도 있다.

욕설과 비속어는 삼간다

거칠게 말하는 사람이 부드럽고 긍정적으로 말하는 사람과 친한 경우는 드물다. 내가 말할 때는 몰라도 상대방을 통해 들으면 기분 나쁘고 피하고 싶기까지 한 것이 욕설과 비속어가 섞인 말이기 때문이다. 욕설과 비속어를 남발하는 것은 상대로 하여금 똑같이 행동하도록 유도하는 것이나 다름없다. 즉 상대가 나를 함부로 대하는 데 동의한 것이나 마찬가지다. 그러므로 상대방에게 존중받길 원하고 가치 있는 말을 듣고 싶다면 먼저 자신의 거친 입담을 고쳐야 한다.

그 사람의 가치와 노력을 충분히 인정하고 감사를 표한다

어떤 상황이나 결과물이 자신의 생각에 못 미치더라도 상대방의 노력을 먼저 살펴줘야 된다. 예컨대 "그간 고생이 많았겠구나", "이번 일을 맡아 진행하느라 수고했어"처럼 상대의 마음을 헤아리는 말로 이야기를 시작해야 한다. 그래야 상대방이 반감 없이 수긍할 마음의 자세를 갖추게 된다.

반드시 문제가 되는 것에만 집중하여 말한다

다른 부분은 언급하지 말고 수정해야 할 부분만 이야기한다. 즉 문제가 되는 사실과 행동에만 초점을 맞춰 다음과 같이 분명하고 정확하게 문제 지점에 대해서만 의문을 표한다.

"이 자료는 다 좋은데 도표가 빠진 게 아쉽다. 다른 이유가 있는 거야?"

자신의 생각과 느낌을 진솔하게 전달한다

아무리 그럴싸한 칭찬도 진정성이 없다면 감흥을 불러일으키지 못한다. 반면에 진정성이 있는 충고라면 불편할 수 있는 말도 격려처럼 받아들일 수 있다. 가령 상대방의 잘못된 행동에 피해를 봤다면 "사실 네가 ○○한 행동을 했을 때 많이 당황스러웠어. 고의는 아니겠지만 조금 자제해줄 수 있어?"와 같이 개선했으면 하는 행동을 분명히 인식하게끔 말한다. 다만 상대방에게 명령처럼 느껴지거나 위화감을 주는 지시적인 말투는 피하는 것이 좋다.

가르칠 것이 있으면 스토리텔링으로 전달하라

어떤 메시지를 전달할 때는 자신의 경험담을 이야기하면서 교훈을 전달하는 것이 좋다. 그러면 상대방이 더 잘 이해하고 자연스럽게 참고할 수 있다. 예컨대 "내가 ~해봤다. 그랬더니 ~ 생각이 들더라, 너도 한 번 ~게 해보면 좋지 않을까?"처럼 은유적으로 말하는 것이다.

스토리텔링은 상대방을 배려하며 안내자 역할을 하는 좋은 대화법이다. 좋은 스승이 되는 것은 어렵지만 좋은 이야기꾼이 되는 것은 좀 더 쉽다. 따라서 주변 사람들에게 뭔가 가르쳐주어야 할 때는 자신의 이야기를 하듯이 말해보자.

이러한 방법으로 자신의 의견을 전달하면 오해를 사지 않고 쉽게 대화를 할 수 있다. 반면에 자신도 상대방이 피드백을 해주면 수긍할 줄 아는 성숙한 자세를 갖춰야 한다. 누군가 내게 피드백을 해주는 것은 관심과 애정의 표현이기도 하다. 상대방에게 감사함을 갖고 긍정적 피드백으로 상생 마인드를 키워가길 바란다.

긍정적으로 화내는 방법을 익혀라

화가 나는 것은 지극히 자연스러운 일이다. 화를 내는 건 본능이지 나쁜 일은 아니다. 다만 어떻게 화를 내느냐에 따라 '독'이 되기도 하고 '득'이 되기도 한다.

얼마 전 내가 겪은 일이 하나 있다. 당시 나는 교육차 지방으로 내려가던 중이었는데 뒤따라오던 차량의 횡포로 놀란 가슴을 쓸어내려야 했다. 그때 고속도로에는 몇 대 안 되는 차량이 순조롭게 달리고 있었다. 하지만 얼마 안 있어 나타난 뒤 차량의 운전자 때문에 이 평화가 깨지고 말았다. 그는 대낮인데도 상향등을 깜빡이며 고속도로를 질주했다.

위험천만하게 나를 가로지른 그는, 잠시 후 곡예운전을 하듯 차선을 바꿔가며 운전을 방해했다. 게다가 화난 몸짓을 하며 욕설을 퍼붓기까지 했다. 하지만 내가 별다른 반응을 보이지 않자 그는 곧장 다른 차량으로 달려가 똑같이 행동하기 시작했고 그러다 마침내 일이 터지고 말았다.

그 난폭 운전자는 내 앞의 차량과 고속도로 한가운데서 시비가 붙었고, 그로 인해 많은 차량들이 급정거해야 했다. 그 바람에 연쇄 충돌까지 일어날 뻔한 아찔한 순간이 연출되기도 했다. 조금만 부주의했더라면 끔찍한 사고로 이어질 수 있는 사건이었지만 다행히 누군가의 신고로 출동한 경찰 덕분에 사건은 마무리되었다.

하지만 이보다 황당한 일은, 난폭 운전자가 어처구니없는 변명을 늘어놓은 것이었다. 그는 화가 난 상태를 주체 못해 자기도 모르게 화풀이를 한 것이라며 사과를 했다. 자신의 분노로 도로 위의 수많은 사람들이 생명의 위협을 느낀 것을 생각하면 참으로 뻔뻔한 이유였고, 결국 그는 잘못된 방식으로 분노를 푼 탓에 남은 드라이브는 경찰과 동행하는 신세가 되었다.

이처럼 자신의 화를 남 앞에서 그대로 표출하면 독이 되게 마련이다. 잘못된 화풀이는 사회생활에서 진짜 화를 불러온다. 따라서 현명하게 화를 내는 방법을 익히는 것도 상생 마인드를 기르는 데 매우 중요하다.

예전에 회사에 다닐 때 나를 믿고 따르던 친한 동료가 있었는데, 뒤늦게 알고 보니 그는 나를 이용해 자신의 실적을 채우려던 기회

주의자였다. 앞에서는 곧잘 위해주는 척하면서 뒤에선 내 고객과 나를 이간질했던 것이다.

다른 동료가 말해주기 전까지 나는 그 사실을 전혀 눈치채지 못했다. 진실을 알게 됐을 땐 실망감과 배신감으로 끓어오르는 분노를 주체할 수 없었다. 내 고객을 빼돌렸다는 사실보다 그동안 그가 보인 행동들이 거짓이라는 것을 도무지 참을 수 없었다. 당장이라도 그에게 달려가 주먹을 날리고 싶은 심정이었다.

하지만 개인감정으로 조직 구성원 모두에게 불편을 끼칠 수는 없었기에 섣불리 행동할 수는 없었다. 나는 일단 마음을 진정시켜보기로 했다. 그러나 아무리 시간이 지나고 화난 마음을 다독여보아도 좀처럼 가라앉지 않았다. 화난 마음은 그대로였다. 그렇다 보니 이런 생각이 들었다.

'내가 화가 나는데 그것을 애써 외면하고 감출 필요가 있을까?'

오히려 분노를 눌러두려 할수록 더 진정이 되지 않았다. 그럴 바엔 차라리 속 시원히 풀어버리는 것도 좋은 방법이란 결론에 다다랐다. 그래서 나는 한 가지 방법을 고안해냈다.

먼저 혼자 있을 만한 장소를 찾았다. 나는 주차장으로 내려가는 엘리베이터에 몸을 실었다. 다행히 그곳은 텅 비어 있었다. 엘리베이터에 타자마자 나는 동료를 떠올리며 하고 싶은 말을 마구 퍼부어댔다. 그렇게 한참을 혼잣말로 떠들고 나니 어느 순간 웃음이 터져 나오는 것이 아닌가! 사실 좁은 공간에서 랩을 하듯 험담을 하는 내 모습이 꽤나 우스워 보였다. 그래서 그렇게 또 한참 실성한 사람처럼 웃어댔다. 그러다 보니 어느새 분노가 말끔히 사라졌다.

그래서 나는 차분한 상태로 동료와 마주할 수 있었다. 내가 이성적으로 이야기하니 동료 역시 미안함을 표시하며 많이 부끄러워했다. 이후 그는 내가 퇴사할 때까지 든든한 조력자의 역할을 자청해서 해주었다. 그뿐만 아니었다. 다른 동료들 역시 나의 인품을 칭찬하며 호의를 베풀어줬고, 덕분에 실적도 끌어올릴 수 있었다. 결국 화가 내게 전화위복의 기회가 된 셈이다.

이처럼 현명하게 화를 내면 긍정적인 효과를 얻을 수 있다. 화를 잘 다스릴 줄 아는 사람은 타인과의 관계에서 얽힌 모든 매듭을 풀고 함께 행복을 얻을 수 있다. 따라서 자기만의 현명한 화내기 법을 찾는 것도 마음속에 블루마인드를 심는 하나의 방법이 될 수 있다.

갈등 없이 현명하게 화내는 방법

때때로 나는 야외에서 교육을 진행하기도 한다. 교육생들을 전부 이끌고 강연장 인근 공원이나 산책로로 향하는 것이다. 그러고는 있는 힘껏 소리를 질러보는 시간을 갖는다. 이 교육을 수차례 진행하면서 그때마다 나는 사람들이 의외로 큰 소리 내는 법을 모른다는 점에 놀라곤 한다. 소리 내는 법을 모른다는 건 그만큼 감정 표현에 서툴다는 의미이기 때문이다.

그럴 수밖에 없는 게 사회생활을 하며 제때 소리를 내어본 사람이 얼마나 있겠는가. 의견이 있고 불만이 있어도 먼저 눈치를 살피고 눌러두곤 했을 것이다. 그러다 보면 감정 표현에 점점 서툴러지고 부정적인 의식만 나날이 깊어가게 마련이다. 그러니 당연히 조화로운 감정 조절도 힘들어진 것이다.

이런 시간이 길어지면 결국 어느 순간 잘못된 방식으로 분노를 폭발하게 되고 분노장애와 같이 직접적으로 정신건강을 해롭게 만들기도 한다. 따라서 제때 풀어주지 않으면 현명한 감정 표현을 하기 힘들어진다. 그래서 나는 먼저 큰 소리를 내게 해서 쌓인 응어리를 풀게 하는 것이다.

소리를 지르는 것은 감정을 정화하는 효과가 있다. 우리가 소리 높여 응원을 하거나 노래를 부르면 가슴 한편에서 후련함이 느껴질 때가 있다. 또한 산 정상에서 함성을 크게 지르면 정신이 맑아지기도 한다. 바로 소리의 정화작용 덕분이다. 힘껏 소리치고 속에 있는 말을 꺼내보면서 우리는 마음의 걸림돌 같은 부정적인 감정을 한 차례 씻어내게 된다. 그런 다음 현명하게 화내는 방법을 익히면 '득'이 되는 긍정적 화내기의 효과를 기대할 수 있다.

직접적인 대상에게 화내는 일을 피하라

화를 참지 못하고 바로 표현하면 설령 당신이 옳은 경우라도 타

당성을 인정받기 힘들다. 안타깝게도 우리는 먼저 화내는 사람을 색안경을 끼고 바라본다. 특히 조직에서는 어떤 상황을 한 가지 측면만으로 판단하지 않는다. '당신이 얼마나 자주 감정적인 대응을 했느냐'에 따라 문제를 바라보는 시각이 달라진다. 그래서 공공의 장소에서 화를 내는 건 조직생활에 하나도 득이 될 것이 없다. 그러니 즉각적인 감정적 대응을 자제하는 연습부터 해야 한다.

제3의 장소에서 감정을 표현하라

일단 화를 자제했다고 해서 내 마음이 풀리는 건 아니다. 화가 났을 때는 대상이 없는 제3의 장소에서 마음껏 표현하는 것이 좋다. 그러면 사건을 더 크게 키우는 것을 막을 수 있을 뿐만 아니라 자신도 눈치 보지 않고 상대에게 불편한 감정을 호소할 수 있다. 이렇게 하면 내 마음의 부정적인 감정을 해소하는 데 도움이 된다.

웃음과 울음의 효과를 적극 활용하라

웃음과 울음은 '하늘이 내린 자연 치료제'다. 이 둘은 서로 다른 것처럼 보여도 몸과 마음을 치유하는 효과가 있다. 어느 학자는 이러한 효과를 '감정의 리셋(reset)'이라고 표현하기도 했다. 웃음과 울음이 정신적·육체적으로 훌륭한 스트레스 해소 수단이라는 것이다. 그러므로 울음을 참을 수 없을 땐 실컷 우는 것이 건강에 좋다. 울음으로 어느 정도 마음이 풀리면, 부정적인 감정의 잔여물을 정리하기 위해 웃음으로 마무리할 수 있어야 한다. 억지웃음도 진짜 웃음의 90%의 효과가 있다고 한다. 웃음으로 긍정적인 사고방식으로 전환할 수 있도록 하자.

사상가 에머슨은 "화가 나 있는 1분마다 당신은 60초 동안의 행복을 잃는 것이다"라고 말했다. 당신이 화를 내는 그 순간 무엇을 놓치고 있는지 다시 한 번 깊이 생각해보았으면 한다.

자신을 낮추는 것이 가장 높아지는 길이다

한 기관에서 '사회생활에서 피해야 할 대화 방법'이라는 주제로 설문조사를 한 적이 있다. 질문은 '대화를 하는 중에 가장 불쾌감을 느낄 때는 언제입니까?'라는 내용이었다.

사람들이 첫손으로 꼽은 것은 '상대방이 나를 가르치려는 태도로 말할 때'였다. 실제로 우리는 누군가 나를 가르치려는 태도를 보이면 몹시 거부감을 느낀다. 상대방이 잘난 체하는 것처럼 느껴지기도 하고, 내심 자존심이 상하기도 한다. 아무리 좋은 의도가 있다고 해도 가르치려는 태도로 하는 말은 강요나 지시처럼 들리기 쉽다. 그래서 무시당하는 것 같아 멸시감과 자격지심이 느껴질 때도 있다. 그렇기에 상대방을 가르치려는 태도는 특히 신경 써서 피해야 한다.

알렉산더 포프(Alexander Pope)는 "사람을 가르칠 때는 그 사람이 눈치채지 못하게 가르치고, 새로운 일을 제안할 때는 잊어버렸던 것이 생각난 듯이 말하라"고 했다. 상대방을 진심으로 아껴 조언하려면 섣불리 가르치려고 하지 말아야 한다. 대신 상황을 연출하여 그 속에서 상대방이 자연스럽게 깨달을 수 있도록 유도하는 것이 좋다.

최근 축구계에서 유행처럼 번지고 있는 '바나나 퍼포먼스'가 이를 이해할 수 있는 좋은 예다. 현재 세계적인 축구 스타들의 SNS에는 바나나를 먹는 인증 샷이 앞다퉈 올라오고 있다. 맨체스터 시티의 세르히오 아궤로, FC바르셀로나의 네이마르 다실바 등이 바나나 사진을 올렸고, 한 유명 아나운서는 방송 중 직접 바나나를 먹는 모습을 선보였다. 지금 전 세계 축구 팬은 물론 정치인, 연예인들도 바나나 인증 샷을 앞다퉈 올리고 있다.

이런 '바나나 인증 샷' 열풍은 한 축구 선수의 행동에서 비롯된 일이다. 프리메라리가 FC바르셀로나와 비야레알의 원정경기가 벌어진 2014년 4월 28일, FC바르셀로나의 브라질 출신 수비수 다니엘 알베스는 경기 중 최악의 상황에 직면해야 했다. 한 축구팬이 코너킥을 준비하던 알베스에게 바나나를 던진 것이다. 이는 선수를 '원숭이'에 비유하는 뿌리 깊은 인종차별 행위이자 범죄였다.

경기장은 일순간 정적에 휩싸였다. 인종차별을 받은 선수의 팀과 그들의 축구 팬들이 거세게 항의할 것이 불 보듯 뻔했다. 이제 곧 경기장은 축구장이 아닌 격투장으로 변할지도 모르는 순간이었다. 그런데 잠시 뒤, 예상과는 달리 경기장에서 격렬한 원성 대신 뜻밖의 환호가 터져나오기 시작했다. 누구보다 강하게 화를 내야 할 알베스가 기이한 행동으로 모두를 웃게 만들었기 때문이다.

그는 자신 앞에 떨어진 바나나를 보더니 태연하게 주워 먹기 시작했다. 그의 얼굴에는 당황하거나 불쾌한 기색이 전혀 없었다. 그렇다고 그가 바나나의 의미를 모를 리 없었다. 이미 선수 생활 내내 "원숭이"라는 인종차별적 발언을 수도 없이 들어온 터였다. 그런데도 그는 마침 배가 고팠다는 듯 자연스럽게 바나나를 물며 코너킥을 찼다. 그의 이러한 태도는 상대에게 끌려가던 팀에 활력을 불어넣었다. 이날 바르셀로나는 1:2로 지고 있던 상황에서 알베스의 바나나 퍼포먼스에 힘입어 3:2의 짜릿한 역전승을 이뤄낸다. 비야레알에게는 경기는 물론 매너에서도 완벽하게 패하는 최악의 경기로 남고 말았다.

경기가 끝나고 바나나 사건에 대한 심정을 묻자 알베스는 이렇게 말했다. "그 팬이 던져준 바나나 덕분에 에너지를 얻고 힘을 내 이길 수 있었다." 그는 또 "그 팬에게 징계가 주어지는 건 당연하다. 그러나 나는 악에 악으로 맞서는 걸 원하지 않는다. 더 강한 사람일수록 더 쉽게 용서할 줄 알아야 한다"고 말했다.

이 같은 알베스의 의연한 대처는 우리에게 더 깊은 반성과 깨달음을 주는 계기가 됐다. 그날 이후 전 세계에서는 인종차별 반대의 의미로 "우리는 평등하다"는 문구와 함께 바나나 인증 샷이 유행처럼 번져나가고 있다. "다시 인종차별 모욕을 당하면 그 사람을 죽이고 감옥에 가겠다"던 축구 선수 마리오 발로텔리(AC밀란) 역시 이에 동참의 뜻을 표했다. 알베스가 블루마인드로 자신이 받은 모욕을 포용하며 평화적으로 대응한 것이 사람들에게 얼마나 큰 공감과 소통을 이끌어냈는지 잘 보여주는 대목이다.

국제사회가 엄격한 제재를 공언해도 꿈쩍 않던 인종차별 인식이 알베스의 행동 하나로 바뀌고 있다. 이것이 바로 상황을 통해 상대방의 행동을 유도하는 방법이다. 상대를 설득하는 것은 나의 감정이나 생각 따위를 내려놓아야 가능하다. 그리고 상대방의 태도를 포용할 때 비로소 소통이 시작된다. 그것이 '가르치지 않고 상대를 이끄는 방법'이자, '조용한 카리스마'다.

아무리 좋은 의도에서 하는 충고와 조언이라도 직설적으로 전하면 상대방이 진실로 공감하기 어렵다. 대신 스스로 모범이 되어 행동으로 보여준다면 백 마디 말보다 더 큰 가르침이 되는 것이다. 사람들은 스승이 되려는 사람을 따르는 것이 아니라 스승으로 삼을 수 있는 사람을 따른다. 자신을 먼저 낮춰 행동하는 사람이라면 그의 말을 따르지 않을 사람은 없을 것이다.

한번은 친구 녀석이 내게 이런 말을 했다.

"내가 다 큰 사람인 줄 알았는데 어린 자식한테도 배울 게 있더라."

뜬금없는 친구의 고백에 어찌 된 영문인지 물었더니 집에서 있었던 일을 들려주었다. 하루는 친구가 소파에 누워 TV를 보고 있었다고 한다. 잠시 후 어린 자식이 다가오더니 자신의 어깨를 토닥토닥 두드려주는 것이 아닌가. 그러면서 이런 말을 했다고 한다.

"돈 버느라 고생이다."

처음엔 황당해서 어리둥절했는데 갑자기 눈물이 핑 돌았다고 한다. 고작 열 살도 안 된 아이한테 이렇게 큰 위로와 위안을 받게 될 줄 상상도 못했다는 것이다. 그러면서 한편으론 내심 부끄럽고 창피했다고 했다.

사실 그동안 "아빠는 밖에서 돈 버느라 고생하는데 너네는 말이라도 잘 들어야지!"라며 자주 혼을 냈다고 한다. 그간 자기가 마땅히 해야 할 몫의 일을 하면서 괜히 자식한테 생색낸 것 같아 면목이 없었다고 말했다. 친구의 얘기를 듣고 보니 나도 덩달아 부끄러워졌다. 그동안 나 역시 내가 가진 지위를 이용해 주변 사람들을 얼마나 가르치고 다스리려 했을까? 한 회사의 대표이자 사회 선배라는 지위를 앞세워 알게 모르게 그러한 상황들을 연출한 일이 많았을 것이다. 문득 조금 더 나 자신을 돌아보고 겸손해야겠다고 반성하게 만드는 이야기였다.

사실 알고 보면 우리는 여전히 배울 것이 많은, 아직 자라야 하는 성인들이다. 누구를 가르치기보단 부족한 자신을 채워야 할 것이 더 많지 않을까? 남을 가르치지 않으려고 노력하는 자세도 좋지만 무엇보다 훌륭한 건, 스스로 제자이기를 청하는 자세다.

옛말에 "세상에 스승이 아닌 사람은 없다"고 했다. 아이에게도 배울 것이 있다고 하지 않는가. 다양한 측면에서 사람을 바라본다면 꼭 배워야 할 것을 하나쯤 발견하게 된다. 예컨대 일을 뛰어나게 잘하는 사람에게는 업무 능력을, 인간성이 좋은 사람에게는 성품을, 활동 영역이 넓은 사람에게는 부지런함 등을 배울 수 있다. 이처럼 타인의 장점을 내 것으로 만들면 그만큼 더 성숙하고 성장하게 된다.

또한 잘되라고 도와주는 사람만이 스승이 아니다. 시기하고 질투하며 험담하는 사람도 훌륭한 스승이 될 수 있다. 그들을 통해 우리는 인간성에 대해 통찰하게 되고, 더불어 자신을 성찰하게 된다. 그리하여 의식을 한 단계 도약시키는 발판으로 삼을 수 있다.

결국 자신을 낮춰 배우는 자세는 비약적인 의식 성장을 돕는다. 따라서 상대에 대한 겸손한 마음을 잊지 말아야 한다. 겸손한 사람은 어디에서든 좋은 평판을 얻고 신뢰를 받는다. 그러므로 더 많은 파트너십을 얻고, 배움으로 더 나은 실력을 쌓을 수 있을 뿐만 아니라 사회에서 막강한 경쟁력을 갖추게 된다. 자신을 낮추는 정도에 따라 그에 상응하는 보답이 따라온다. 리더가 자신을 낮추면 훌륭한 인재를 얻을 수 있고, 실무자가 배움을 청하면 인재로 거듭날 수 있다. 따라서 우리는 자신을 낮추는 것을 부끄러워하지 말고 인생을 살아가는 하나의 전략으로 삼아야 할 것이다.

인생의 모든 일은 사람에 의해 이루어진다. 내가 중요한 인재로 쓰일지는 결국 나의 됨됨이에 달려 있다. 이를 잘 새겨 스승이 되려는 어리석음을 버리고, 누구나 환영받는 제자가 되는 것은 어떨까. 진정 의식이 높은 사람은 낮은 위치에서 세상을 바라본다는 사실을 꼭 깨달았으면 한다.

블루마인드 의식을 지속적으로 가질 수 있는 방법

블루마인드 강연을 하다 보면 사람들에게서 제일 먼저 느끼는 반응은 '의심과 불신'이다. 대다수 사람들이 자신이 알고 있는 관념을 건드리면 거부하고 저항한다. 그래서 황당한 이야기라 치부하는 사람도 적지 않다.

대다수 사람들은 자신이 아는 상식과 지식, 정보에 기대어 극히 일부만 보고 산다. 다른 가능성은 모두 배제한 채 말이다. 이는 행복을 바라보는 시각에서도 마찬가지다. 자신의 기준을 잣대로 환경만 바꾸려 할 뿐 자신의 기준은 바꾸려 하지 않는다. 그래서 우리는 파랑새 쫓듯 끝까지 행복을 염원하는 것인지도 모른다. 행복의 뿌리가 이미 자신 안에 있는데도 말이다.

　진정한 행복을 원하는 사람은 그 뿌리를 있는 그대로 바라보고 자신의 무지함을 철저히 인정할 필요가 있다. 내가 아는 것이 아무것도 없다는 것을 스스로 인정하는 순간 가능성이 열리기 시작한다. 이것이 바로 블루마인드로 가는 첫걸음이자, 블루마인드를 지속할 수 있는 방법이다.

　행복한 삶을 살아가고 싶다면 블루마인드를 가져야 한다. 그렇지만 절대 긍정의 마인드는 마음만 먹는다고 가질 수 있는 것이 아니다. '대사일번(大死一番) 절후소생(絕後蘇生)'이란 말이 있듯이 크게 한번 죽어야 한다. 자신의 관념을 깨는 일을 두려워한다면 절대로 블루마인드를 가질 수 없다.

무시해주셔서 감사합니다.

내 체면을 구겨지게 한 사람들, 상처를 준 사람에게 감사하자.

의지를 단련시켜주기 때문이다.

나를 채찍질하는 사람들에게 감사하자.

잘못된 점을 바로 잡을 수 있게 해주기 때문이다.

나를 포기하는 사람에게 감사하자.

자립심을 배울 수 있게 해주기 때문이다.

나를 넘어지게 하는 사람에게 감사하자.

세계 유일의 발가락 피아니스트 류웨이가 쓴 책에 나오는 글이다. 병아리가 알에서 나올 때 스스로 부리로 쪼아서 나오듯이, 애벌레가 나비로 탈바꿈하려면 허물을 벗는 인고의 과정을 거쳐야 하듯이 변화는 고통과 인내를 동반한다. 변화하려면 그만큼 절실한 각오와 행동이 필요한 것이다.

내가 죽어야 내가 산다. 내 관념이 죽어야 새로운 인생을 살 수 있다. 고정관념이 사라져야 행복으로 가는 새로운 길이 열린다. 행복은 누구나 누릴 수 있지만 아무나 누리지는 못한다. 죽을 각오가 된 사람만이 행복의 주인이 될 수 있다.

고정관념에서 벗어나면 새로운 사고구조로 변화가 일어난다. 감정에 얽매이던 삶에서 벗어나 초연해지는 것이다. 고통이 찾아와도 그것을 고통으로 느끼는 것이 아니라 단지 삶의 일부분으로 수용하게 된다.

요즘 사람들은 감정에 쉽게 동요하는 삶을 사는 것 같다. 그래서 '웰빙'이란 말이 유행하고 '힐링'이란 말을 너무나 자주 사용한다.

무조건 쉬고 자기계발에 더 열을 올리는 것이 마치 인생이 행복해지는 길이라 믿는 것 같다. 그러나 이 모든 것이 이루어지면 우린 더 이상 바라는 것이 없어질까? 결코 그렇지 않을 것이다. 무언가를 계속 원하고 갈망한다면 우리는 끝내 행복이란 종착역에 다다를 수 없다.

얼마 전 나는 한 회사의 임원을 만나 이야기를 나눈 적이 있다. 그분은 누구보다 착실하게 사는 사람이었다. 새벽 4시 반에 회사에 출근해 2시간 업무를 보고, 다시 잠깐 눈을 붙였다가 아침 8시부터 정상 업무를 시작한단다. 퇴근은 밤 10시가 되어서야 하는데 그때까지 그는 시간이 어떻게 흘러갔는지도 모를 정도로 의식하지 못한다고 했다.

남들이 보기에 매우 빡빡한 일정 속에 사는 사람이었다. 나는 내심 그의 건강이 염려되었다. 그런데 그는 그렇게 살면서도 아픈 적이 한 번도 없다고 했다. 그러면서 "아파도 토요일에만 아파야겠죠?"라며 농담을 건네기까지 했다.

아마도 누군가 그가 분주히 생활하는 모습을 본다면 이런 생각을 할지도 모른다. '인생 참 피곤하게 사네.' '그렇게 사는 게 어디 행복하겠어.' 그렇지만 그는 자신의 삶에 완전히 빠져 있었기에 피곤하지도 불행하지도 않았다. 나를 위한 삶, 가족을 위한 삶, 직장을 위한 삶이 삼위일체가 되어 그대로 수용된 것이다. 그래서 부정적인 감정을 전혀 느끼지 않았다. 도리어 이 바쁜 시간 속에서 여유를 누리고 자기계발도 한다며 즐거워했다.

그를 보면서 나는 그가 가식이 아닌 진짜 행복을 누리고 있음을 알 수 있었다. 결국 그에게 바쁜 일정은 행복에 행복을 더하는 시간이었던 것이다.

그래서 나는 이런 결론에 도달했다. 블루마인드 의식은 '자신이 미친 줄도 모를 정도로 완전히 자신의 삶에 미쳐 있는 것'이라고 말이다. 힐링이나 웰빙을 좇는 사람들은 오히려 삶이 적당히 편해서 그런 것이 아닐까? 어떠한 조건을 필요로 하는 것은 그린마인드 의식에 지나지 않는다. 언제나 다른 조건을 요구할 수 있기 때문이다. 따라서 블루마인드로 의식을 확장하려면, 한번쯤 자신의 삶에 미쳐보아야 한다. 그러면 삶이 가져다주는 진정한 의미와 즐거움이 무엇인지 알게 된다. 그 행복을 알기 전에 섣불리 행복을 정의하지 말아야 한다.

행복은 조건도 기대도 아니다. 조건과 기대는 행복을 가로막는 장애물이다. 조건과 기대만큼 만족을 얻지 못하면 오히려 불행해진다. 또한 지식이나 경험이 풍부하다고 행복해질 수 있는 것도 아니다. 지식이 충만하고 경험이 많다고 블루마인드를 가질 수 있다면 벌써 수많은 사람들이 행복해졌어야 하지 않을까. 아직도 우리가 여전히 행복을 논하고 있다는 사실은 지식과 경험이 우리가 행복해지는 데는 그다지 소용이 없다는 증거이기도 하다.

행복은 지식과 경험이 하나둘 사라질 때 비로소 수면 위로 떠오른다. 그것을 위해 우리가 해야 하는 것은 오직 하나, 내면의 목소리에 귀를 기울이는 일이다. 자신의 내면을 들여다보고 관념을 내려놓는 것이 행복으로 가는 첫걸음인 것이다.

지금까지 15년 넘게 강연 활동을 하면서 느끼고 배운 것들을 바탕으로 우리의 마음을 긍정적으로 바꾸고 우리의 삶을 좀 더 행복하게 변화시킬 방법을 이야기했다. 이 책을 읽는 모든 분들의 마음속에 긍정과 행복의 블루마인드가 가득 전해지기를 기원한다. 끝으로 이 책을 출간하는 데 도움을 준 송봉관 실장과 김윤안 대리에게 고맙다는 인사를 전한다.

블루마인드 조직 활성화

불가능을 가능으로 만드는 기적의 프로그램

- 기업체 교육 책임자 200여 명이 선정한 최우수 교육 프로그램
- 삼성, LG, 현대기아차 그룹 등 국내 유수 기업체 및 관공서 200여 개 업체 10만여 명이 교육을 이수하여 그 효과를 입증함.

블루마인드 프로그램 특징

- 조직 문화 진단 후 맞춤식 교육으로 진행
- 다양한 교육 방식 적용(연극, 음악)
- 표면적 태도 변화 → 내면적 의식 변화로 유도

블루마인드 프로그램 효과

- 부정적 사고를 긍정적 사고로 전환
- 기본 원칙 준수, 자기성찰을 통한 적당주의 타파
- 개인 변화 → 조직 문화 변화

블루마인드 과정 안내

- 교육 대상 : 전 사원, 신입사원, 승진자, 최고경영자 과정
- 참가 인원 : 20~60명
- 교육 시간 : 1일(4~8H), 1박 2일, 2박 3일

| 교육 문의 : 비알웨이 컨설팅㈜

| 전화 : 02-549-8810

| E-mail : brway1004@naver.com

| 홈페이지 : www.brway.co.kr

마음성형 힐링

감정 치유와 정신력 강화를 위한 프로그램

- 국내 기업체 교육 책임자 200여 명이 선정한 최우수 교육 프로그램
- 삼성, LG, 현대기아차 그룹 등 국내 유수 기업체 및 관공서 200여 개 업체 10만여 명이 교육을 이수하여 그 효과를 입증함.

마음성형 힐링 특징

- 100% 체험식으로 자발적인 참여
- 호흡, 명상, 테라피 기법을 활용(향기 호흡, 숲 명상, 음악 치유)
- 스트레스 해소 및 감정 치유를 통한 기업의 생산성 향상

마음성형 힐링 효과

- 삶 속에서 지치고 상처받은 심신 에너지 재충전
- 소모 에너지를 조기에 파악 → 업무 손실을 사전에 차단 → 지속적인 성과 창출
- 자기함정, 자기부정에서 벗어나 삶의 주인으로 살아가기

마음성형 힐링 과정 안내

- 교육 대상 : 전 사원, 신입사원, 승진자, 최고경영자 과정
- 참가 인원 : 10~50명
- 교육 시간 : 1일(4~8H), 1박 2일, 2박 3일

| 교육 문의 : 비알웨이 힐링연구소

| 전화 : 02-521-1902

| E-mail : brway1004@naver.com

| 홈페이지 : www.brway.co.kr